Nager
Comme un Poisson

Un guide facile
pour développer votre self-leadership

Florence Dambricourt

Première publication en langue anglaise en 2019 - Première publication en langue française en 2020

Swim Like a Fish, an easy guide to developing self-leadership

Copyright © 2019 Florence Dambricourt

Tous droits réservés

La reproduction, l'archivage ou la transmission de tout ou partie de cet ouvrage sous quelque forme ou quelque moyen que ce soit sans avoir obtenu au préalable l'autorisation de l'auteur sont interdits. Il en est de même pour la diffusion de tout ou partie de cet ouvrage avec une reliure ou une couverture différente de celle de la publication d'origine.

ISBN : 9782970133025

Composé en Times New Toman (taille de police 11)

Couverture d'Aimee Coveney (www.authordesignstudio.com)
Chargée d'édition : Sian Phillips (www.sianphillips.com)
Traduction : Élisabeth Fuchs

Pour découvrir nos packs de développement du self-leadership, donnez un petit coup de nageoire vers

https://afishonahill.com/ ou https://talking4good.com/

*Vous voici, poisson parmi les poissons,
Vivant dans un aquarium, un aquarium très simple.
Quatre parois et de l'eau plus ou moins limpide.*

*Tout de même, c'est un aquarium. Ses parois procèdent
de votre éducation, de votre lieu de naissance, de votre formation sociale,
de vos émotions, de vos expériences, de vos rêves,
de vos décisions et de vos actions.*

*Et si vous pouviez agrandir cet aquarium ?
Et si vous pouviez en repousser les parois un peu plus chaque jour ?
Et si un jour l'aquarium devenait la mer, l'océan ?*

*Bienvenue dans Nager comme un poisson !
Un guide facile pour développer votre self-leadership.
Agrandissez l'aquarium, faites tomber ses parois
et partez explorer les océans.*

PRÉFACE

Ça alors ! Cela fait onze ans que Florence et moi nous sommes rencontrés dans un congrès de médiateurs à Dublin ! J'ai tout de suite été frappé par son esprit ouvert et curieux, par l'intérêt sincère qu'elle porte aux gens, à leur comportement et à leur langage, et par son désir de contribuer de façon positive à l'aventure qui conduit une personne à réaliser son plein potentiel.

Suite à cette rencontre et sur la base des valeurs et des convictions que nous partageons, nous avons coécrit un livre, *Building Bridges, Embracing NLP for Better Mediation,* et animé ensemble un atelier de communication à l'*European Mediation and Coaching Conference* d'Édimbourg.

En poursuivant ses travaux, Florence a découvert combien les paroles que nous nous adressons à nous-mêmes, les croyances limitatives que nous appliquons et les décisions fondées sur des émotions affectent notre comportement et par conséquent, les résultats que nous obtenons.

Mes propres travaux et mon activité de coach, auteur et formateur dans le monde entier, m'ont convaincu que nous traversons tous une période de transformations sans précédent dans le monde et que nous ne pouvons ni nous diriger nous-mêmes ni conduire autrui en ne réfléchissant qu'aux expériences passées.

En ce sens, le self-leadership signifie que vous êtes autonome : non pas esclave de votre passé mais capable de réfléchir à votre propre vie avec un certain détachement. Le comportement qui vous a amené là où vous en êtes actuellement ne vous portera pas vers l'avenir, et la personne que vous êtes aujourd'hui est différente de celle que vous serez demain. L'ancien se meurt, le neuf attend d'être enfanté. Ce changement nécessite que nous nous connections au soi (ou self) qui est en train d'émerger en nous parce que les questions extérieures sont un miroir des questions intérieures.

Ainsi, nous portons les clefs de l'avenir en nous.

Cependant, il ne suffit pas de diriger ou de manœuvrer dans un contexte de symptômes et de structures uniquement. Nous devons débuter à un niveau personnel plus profond pour transformer nos pensées existantes et nous connecter aux sources profondes de créativité et d'imagination qui sont en nous. Il nous faut puiser à une autre source interne.

Dans ce livre, Florence mêle harmonieusement ses recherches universitaires, sa pensée ésotérique et une pratique reconnue, dans une invitation à partir à la découverte d'un soi (self) à venir plus élevé – la personne que vous êtes destiné à être – et de là, à vivre la vie à laquelle vous êtes destiné.

Elle commence par présupposer que nous sommes tous leaders et que vous êtes déjà la personne que vous voulez être. Il ne vous reste plus qu'à rencontrer cette personne. Le self-leadership nécessite donc que nous réfléchissions à nos forces et faiblesses et que nous agissions en cohérence avec le ressenti que nous avons de notre propre être.

J'aime le paradoxe qu'elle énonce : nous sommes tous pareils, ce qui permet à chacun d'être unique et spécial.

L'un des cadeaux de ce livre, c'est de ne pas se contenter de nous dire *quoi* faire mais de créer la mentalité, les conditions et les activités qui permettent à chacun d'entreprendre son propre voyage à la découverte de lui-même - de nous offrir un *comment*. Ses sept mythes nous mettent au défi de reconnaître et d'interroger nos pensées et habitudes passées. Ses liens avec la cybernétique et la pensée systémique nous incitent à nous reconnecter à la fois aux parties et à la totalité de notre identité actuelle en nous invitant à ressentir et à voir notre soi (self) authentique.

Au fond, ce livre vous propose une quête dont vous êtes le héros. Vous pouvez choisir d'aller dans n'importe quelle direction, pourvu qu'elle vous convienne. Vous pouvez plonger vers des ténèbres interdites, demeurer dans un confort familier, avancer à grandes enjambées ou à petits pas hésitants. Tout cet ouvrage est une invitation. Allez à votre propre rythme dans la direction que vous choisirez. À présent, il ne vous reste plus qu'à accepter cette invitation à entrer dans l'océan car c'est dans les océans que se trouve le trésor que vous cherchez.

Trevor Horne

www.devoncoach.com

Comme l'a dit le Bouddha, « Je vous ai montré le chemin, il ne tient qu'à vous de le parcourir. »

– Matthieu Ricard [extrait de *Destructive Emotions* (*A Scientific Dialogue with the Dalai Lama*, Daniel Goleman)]

Sommaire

INTRODUCTION — **15**

1, Sept observations utiles — **19**

    De poisson à poisson — 20
    Nage 1 : L'observation, une compétence oubliée — 21
    Nage 2 : L'autonomie, une autre compétence oubliée — 22
    Nage 3 : Vous savez que c'est vous le patron — 23
    Nage 4 : Nous avons un corps — 24
    Nage 5 : Nous respirons également — 25
    Nage 6 : Uniques et pourtant identiques — 26
    Nage 7 : Nous naissons tous explorateurs — 27
    Natation supplémentaire pour les plus motivés — 28
    Un moment de réflexion dans l'aquarium — 29

2, Sept mythes à réfuter — **30**

    De poisson à poisson — 31
    Nage 8 : Le mythe de la connaissance de soi — 32
    Nage 9 : Le mythe de la compréhension — 33
    Nage 10 : Le mythe de la conscience de soi — 34
    Nage 11 : Le mythe de la personnalité figée — 35
    Nage 12 : Le mythe de la dissociation corps-esprit — 36
    Nage 13 : Le mythe de la confiance — 37
    Nage 14 : Le mythe du refus du changement — 38
    Natation supplémentaire pour les plus motivés — 39
    Un moment de réflexion dans l'aquarium — 40

3, Sept habitudes pour votre kit de survie — **41**

    De poisson à poisson — 42
    Nage 15 : Respirez et buvez — 43

Nage 16 : Développez une posture par défaut   44

Nage 17 : Restez en éveil   45

Nage 18 : Restez détendu   46

Nage 19 : Reconnaissez vos émotions   48

Nage 20 : Restez en mouvement   49

Nage 21 : Faites équipe avec vous-même   50

Natation supplémentaire pour les plus motivés   51

Un moment de réflexion dans l'aquarium   52

4, Sept points de vue sur le soi   **54**

De poisson à poisson   55

Nage 22 : Le soi et l'expérience   57

Nage 23 : Le soi et les faits   58

Nage 24 : Le soi et les actions   59

Nage 25 : Le soi et l'humeur   60

Nage 26 : Le soi et la physiologie   61

Nage 27 : Le soi et la notion de congruence   62

Nage 28 : Le soi et les comportements   63

Natation supplémentaire pour les plus motivés   64

Un moment de réflexion dans l'aquarium   65

5, Sept éléments concernant les émotions   **66**

De poisson à poisson   67

Nage 29 : Sept émotions de base   68

Nage 30 : Deux étapes pour un nom   69

Nage 31 : Une émotion, plusieurs sentiments   70

Nage 32 : Émotions, humeur et physiologie   71

Nage 33 : Une émotion, une création   72

Nage 34 : Une expérience, une structure   73

Nage 35 : Quatre étapes vers un message   74

Natation supplémentaire pour les plus motivés	75
Un moment de réflexion dans l'aquarium	76

6, Sept plongeons dans la rivière   **77**

De poisson à poisson	78
Nage 36 : Plonger vers la flexibilité	79
Nage 37 : Plonger vers la communication	80
Nage 38 : Plonger vers la conscience	82
Nage 39 : Plonger vers les faits manquants	83
Nage 40 : Plonger vers les horizons	85
Nage 41 : Plonger vers l'apprentissage	86
Nage 42 : Plonger vers l'inspiration	87
Natation supplémentaire pour les plus motivés	88
Un moment de réflexion dans l'aquarium	89

7, Sept habitudes à prendre pour faire équipe   **90**

De poisson à poisson	91
Nage 43 : Choisissez vos mots	92
Nage 44 : Travaillez en équipe	93
Nage 45 : Mangez, reposez-vous, dormez	94
Nage 46 : Soyez centré côté cause	95
Nage 47 : Pratiquez l'attention	97
Nage 48 : Utilisez des métaphores	98
Nage 49 : Aimez vraiment	99
Natation supplémentaire pour les plus motivés	100
Un moment de réflexion dans l'aquarium	101

8, Sept aptitudes tournées vers l'intelligence émotionnelle   **102**

De poisson à poisson	103
Nage 50 : La conscience de soi	104
Nage 51 : L'autorégulation	105

Nage 52 : États mentaux	106
Nage 53 : La motivation	107
Nage 54 : L'empathie	108
Nage 55 : Les aptitudes sociales	109
Nage 56 : Le courage	110
Natation supplémentaire pour les plus motivés	111
Un moment de réflexion dans l'aquarium	112
9, Nager dans des eaux agitées	**114**
De poisson à poisson	115
Nage 57 : Utilisez votre kit de survie	116
Nage 58 : Arrêtez de réfléchir	117
Nage 59 : Appliquez les trois Fs de l'apprentissage	118
Nage 60 : Pratiquez la stabilité	119
Nage 61 : Cherchez les faits	120
Nage 62 : Pratiquez le recadrage	121
Nage 63 : Gardez un œil sur l'horizon	122
Natation supplémentaire pour les plus motivés	123
Un moment de réflexion dans l'aquarium	124
10, Votre cerveau et vous	**125**
De poisson à poisson	126
Nage 64 : Deux flux Instagram	127
Nage 65 : Un athlète de haut niveau	128
Nage 66 : Une utilisation d'énergie judicieuse	129
Nage 67 : Un étudiant fanatique	130
Nage 68 : Une approche multilingue	131
Nage 69 : Un corps connecté	132
Nage 70 : Un trio (ou plus ?)	133
Natation supplémentaire pour les plus motivés	134

Un moment de réflexion dans l'aquarium	135
11, Nager en eau trouble	**136**
De poisson à poisson	137
Nage 71 : Un nouveau paradigme	138
Nage 72 : Un outil d'apprentissage	139
Nage 73 : Un outil puissant	140
Nage 74 : Quelques piliers et une invitation	141
Nage 75 : Quelques mots et une action	142
Nage 76 : Le top 10 des astuces, plus une	143
Nage 77 : Ce n'est que le début	144
Un moment de réflexion dans l'aquarium	145
REMERCIEMENTS	**150**
À PROPOS DE L'AUTEURE	**151**
CONCLUSION	**153**
BIBLIOGRAPHIE	**155**

INTRODUCTION

Aimeriez-vous vous sentir en paix, calme et serein au quotidien ? Cela vous plairait-il de savoir que, quoi qu'il arrive, vous vous en sortirez sans problème ? Encore mieux : et si vous étiez convaincu de pouvoir transformer n'importe quel événement en opportunité ? Que penseriez-vous de nager votre vie entière, que vous surfiez sur les vagues ou que vous soyez coincé au fond, en sachant que vous aurez toujours les ressources nécessaires pour maintenir la direction choisie, la tête hors de l'eau, et les vagues vous poussant vers l'avant ?

Bienvenue dans le monde des possibilités qu'offre le self-leadership !

Le self-leadership, c'est le fait d'avoir un sens aigu de notre identité, de nos capacités et de la direction dans laquelle nous voulons aller, associé à la faculté d'influer sur notre communication, nos émotions et nos comportements tout au long du chemin.[1]

Quand nous pensons à ce dont nous sommes capables, nous pouvons nous donner des objectifs immédiatement. Mais on peut aussi choisir une approche plus détendue, chercher uniquement des directions et préférer se fixer un horizon et une intention. Nous allons explorer chacun de ces différents aspects l'un après l'autre et voir qu'il est facile de les entremêler en fonction de nos capacités et de l'endroit où nous allons.

Mais parlons d'abord de l'aventure dans laquelle vous êtes sur le point de vous lancer. Ce n'est pas n'importe quel type d'aventure ; elle décrit une spirale. Chaque jour, vous allez découvrir – ou redécouvrir – une connaissance cruciale. Ensuite, vous renforcerez les aptitudes correspondantes et commencerez à construire pas à pas une vraie compétence en self-leadership.

Oui, cela nécessite un entrainement quotidien. Et oui, il vous faudra trouver du temps pour cela chaque jour.

Imaginons que vous veniez d'apprendre à nager. Vous avez à peu près compris le principe de la brasse mais vous êtes encore gauche et on ne peut pas vraiment dire que vous « fendiez les flots ». Décideriez-vous immédiatement de traverser l'Atlantique en solitaire ?

Mmmh... Bien sûr que non ! Nous faisons preuve de bon sens. Nous savons qu'il faudrait commencer par beaucoup s'entrainer. Avec ce guide facile pour apprendre le self-leadership vous allez entrainer les muscles de votre cerveau qui, comme tous muscles, vont avoir besoin d'énergie (de la nourriture), d'exercice physique, de repos et d'entrainement grâce à une pratique quotidienne.

En fait, vous allez même modifier la structure de votre cerveau. Mais laissons cette information de côté pour le moment.

Cette pratique quotidienne présente un autre avantage. Elle nous aide à mettre en place des habitudes. Le recours au self-leadership est une habitude indispensable de nos jours. En lisant ce livre, vous allez acquérir des compétences spécifiques pour atteindre les différents niveaux du self-leadership. Et ensemble, nous allons transformer ces compétences en habitudes.

Au bout de quelques pages, lorsque les bases seront en place avec les trois premiers chapitres, vous commencerez à remarquer un incroyable changement. Votre esprit se mettra en pause spontanément et appliquera naturellement des compétences de self-leadership. Une fois au niveau deux, vous remarquerez un changement encore plus grand : un sentiment de paix qui ira de pair avec le renforcement de vos compétences.

Prêt à vous embarquer dans ce voyage en spirale à travers les océans ?

Prêt à nager comme un poisson ?

Ce livre organisé en onze chapitres va vous faire passer par onze niveaux de développement de vos compétences personnelles en self-leadership. Chaque chapitre est divisé en sept nages et chaque nage se termine par un exercice d'entrainement. Pour que vous puissiez mettre en place les habitudes voulues, je vous conseille une nage par jour.

Une fois que vous sentirez que les bases sont solides, vous pourrez nager plus vite. Si vous avez l'impression d'une faiblesse dans l'une de vos compétences, reculez de quelques nages, ré-établissez les bases et entrainez-vous, entrainez-vous, entrainez-vous. La fin de chaque chapitre propose des exercices supplémentaires – Natation supplémentaire pour les plus motivés – et un espace pour prendre du recul et recueillir les pensées qui vous viennent tout au long de votre évolution.

La démarche pédagogique choisie est inductive. Elle va du particulier au général. Chaque nage est centrée sur des éléments ou des compétences spécifiques que vous avez peut-être sous-exploités ou exploités dans un but différent. Et chaque compétence contient plusieurs strates que nous allons découvrir une par une successivement. C'est cela, l'effet spirale.

Vous déciderez peut-être d'essayer d'explorer plusieurs chapitres à la fois. Si c'est la vitesse qui vous convient, allez-y ! Mais veillez à vous demander régulièrement : « Est-ce que je profite au maximum de chaque nage ? »

Faites confiance aux réponses qui vous viennent et adaptez votre vitesse de lecture. Souvenez-vous que vous êtes en train de modifier votre cerveau. Cinq minutes de plus sur un exercice peuvent vous économiser cinq heures ou même cinq mois lorsqu'il s'agira de renforcer la mise en œuvre d'une nouvelle compétence ou d'appliquer une compétence ancienne de façon nouvelle.

Petite remarque importante : ce livre n'est ni un médecin, ni un psy, ni même la version intelligence artificielle de ces deux professions. Les exercices proposés comprennent des mouvements du corps, d'éventuels étirements et des exercices de l'esprit tels que de l'introspection, du brainstorming et des invitations à sortir des sentiers battus.

Ne faites que ce qui vous convient. Si nécessaire, parlez à votre médecin des exercices (physiques ou intellectuels) qui vous posent question. Il sera en mesure de vous dire si un soutien en parallèle pourrait contribuer à votre évolution. Avec ce livre, vous allez vous coacher vous-même. Comme pour n'importe quel programme de coaching, il est important que vous reconnaissiez que tous les actes que vous accomplissez et toutes les décisions que vous prenez en lisant ce livre relèvent de votre responsabilité et de votre choix personnels.

L'apprentissage du self-leadership est à la fois un entrainement de l'esprit et du corps tout entier et un voyage fascinant à travers de vastes océans. Prêt à laisser nager le poisson qui sommeille en vous ?

1, Sept observations utiles

Je suis convaincue qu'on peut toujours apprendre par l'observation.

– Tamara Tunie

De poisson à poisson

Avant de commencer, il vous manque encore quelque chose. Il faut que vous décidiez où vous allez consigner vos notes et les pensées qui vous viennent pendant les exercices. L'idéal, c'est d'avoir un carnet. Ça peut être un bon vieux calepin avec de vraies pages. Dans ce cas, il vous faudra également un stylo. Ou alors, vous pouvez utiliser une tablette avec un stylet. Mais il faut que ce soit un objet consacré à votre décision de développer votre compétence en self-leadership.

Ça y est ? Vous l'avez ?

Il est pratique ? On y écrit facilement ?

Excellent !

Comment décririez-vous le carnet que vous avez choisi ? Quelles observations feriez-vous à son sujet ?

Les observations sont extrêmement intéressantes.

Après tout, une observation, c'est une information concrète et visible au grand jour. Mais nous sommes là, à tourner en rond dans des aquariums dans lesquels nous pensons, croyons, supposons, tirons des conclusions, oublions, courons. Et souvent, tout cela nous occupe tellement que nous ne voyons plus ce que nous avons juste sous les yeux : les faits, les observations irréfutables.

Et s'il y avait un bouton arrêt dans notre aquarium ?

En fait, il y en a un. Là, juste dans le coin. Appuyez dessus, ralentissez le mouvement de l'eau... encore... encore. On dirait les séquences au ralenti diffusées dans les émissions de sport pour montrer qui a vraiment touché le bord du bassin en premier. Vous revoyez le moindre de vos mouvements, absolument tout, vos comportements, vos points de vue et tout votre environnement.

Nage 1 : L'observation, une compétence oubliée

Tout se meut très lentement. Pour la première fois, vous pouvez observer le moindre détail autour de vous. Un arbre par la fenêtre. Un feu tricolore qui passe au vert. Des gouttes d'eau sur la vitre. Une rue plus étroite que dans votre souvenir. Le pull bleu de votre collègue. Vous remarquez aussi les sons. Les voix des passants. Une voiture qui s'arrête. Vous êtes peut-être au bureau ou dans votre salon, assis dans votre fauteuil le plus confortable. Où que vous soyez en train de lire ces lignes en cet instant, arrêtez-vous et sortez de votre scénario habituel. Faites une pause, levez les yeux et cherchez trois éléments que vous n'aviez pas encore remarqués.

J'ai bien dit trois. Allez-y !

Pour cela, vous avez dû regarder autour de vous et vous demander si vous aviez déjà observé chacun de ces éléments. Puis vous avez dû convenir avec vous-même d'ajouter ou non chaque observation à votre liste. Vous vous êtes peut-être surpris à remarquer un détail inattendu. Surtout, vous avez exercé votre sens de l'observation. Cela vous a probablement semblé assez facile.

Peut-être avez-vous surtout utilisé vos yeux, à moins que vous n'ayez également eu recours à vos oreilles, votre peau et votre nez. Il y a de nombreuses façons d'observer. Chacune d'entre elles sollicite notre cerveau différemment et nous fournit des informations factuelles. L'observation sert à réunir des informations factuelles. C'est une compétence fondamentale du self-leadership. L'observation est même l'un des piliers du self-leadership.

Astuce et entrainement, Nage 1

- **Astuce !** Non seulement vous possédez déjà le sens de l'observation mais également toutes les compétences du self-leadership. Il se peut que vous ayez juste oublié de les utiliser récemment ou même depuis toujours.

- **Entrainement !** Prenez chaque jour quelques instants pour vous concentrer sur l'un de vos sens en particulier. Exemple : fermez les yeux et concentrez-vous sur les sons qui vous entourent. Ou bien mettez des bouchons d'oreille et regardez tout autour de vous. Fermez de nouveau les yeux et examinez votre environnement en utilisant vos sensations cutanées. Chaque jour, choisissez un autre sens. Notez celui qui vous paraît le plus facile ou le plus spontané.

Nage 2 : L'autonomie, une autre compétence oubliée

Le bouton arrêt est toujours enclenché. Dans l'aquarium, la vie s'écoule au ralenti. Cela vous convient. Après tout, c'est vous qui avez tout stoppé. Vous avez accepté ce qu'on vous proposait. Vous avez fait preuve d'autonomie.

Autonomie est un mot magnifique, un cadeau plein de promesses prêt à être déballé. Derrière ce mot se cache la capacité à prendre ses propres décisions. Et prendre sa propre décision, c'est un acte de self-leadership.

L'autonomie nous vient-elle spontanément ? Devons-nous l'apprendre ?

Est-ce que j'utilise déjà cette compétence ?

Nous voici prêts à naître. Maman et Papa sont sur le point de s'assoupir devant la télé. Soudain, nous mettons tout en branle, de notre propre chef, obstinément. Une fois nés, nous recommençons en criant aussi fort, aussi tôt que possible. Et ce n'est que le début. Dans les semaines qui suivent, même devant nos parents épuisés qui nous supplient d'arrêter, nous continuons inlassablement à faire entendre notre petite voix. Puis nous commençons à fermer les mains pour faire de petits poings, à cultiver les muscles de nos doigts, à ouvrir et fermer spontanément les mains, à expérimenter. Quelqu'un nous a-t-il demandé de faire tout cela ? Non. Un jour, nous agrippons la table pour nous redresser en utilisant les abdos que nous avons travaillés en rampant. Quelqu'un nous l'a-t-il demandé ? Non. Nous développons notre autonomie depuis notre naissance – Je marche – Je mange tout seul – Je m'habille. Et toutes ses petites actions menant à l'autonomie sont des actes de self-leadership.

Astuce et entrainement, Nage 2

Astuce ! Nous naissons tous self-leaders avec une capacité innée[2] à devenir autonomes. Mais dans notre exploration du monde, nous avons peut-être exercé notre autonomie sur les mauvaises actions. Nous avons construit un aquarium au lieu de nager librement en eau vive.

Entrainement ! Chaque jour, notez à quelle fréquence vous réalisez des actions pour lesquelles vous jouissez d'une autonomie complète. Exemple : choisir vos habits, boire un verre d'eau, manger une pomme... Vous allez en trouver plein !

Nage 3 : Vous savez que c'est vous le patron

Faisons une pause. Tout en lisant ces lignes, faites rouler vos épaules plusieurs fois. Asseyez-vous un peu plus au fond de votre siège. Installez-vous de façon à vous sentir suffisamment en sécurité pour fermer les yeux.

Ça y est presque ? Une fois ce paragraphe terminé, quand vous le souhaitez, fermez les yeux 5 à 10 secondes. Vous pouvez compter si ça vous aide. Faites-le à la fin de cette phrase.

Comment était-ce ?

Avez-vous fermé les yeux de vous-même ou quelqu'un a-t-il tiré sur vos paupières ?

Les avez-vous laissés ouverts pour continuer à lire cette Nage ?

Êtes-vous d'accord qu'une action s'est produite et que c'est vous qui avez décidé de l'accomplir ? Le texte suggérait quelque chose et vous avez décidé d'y donner suite. Ou pas. En l'occurrence, vous avez été votre propre patron.

Nous avons parfois l'impression de ne pas choisir nos propres actions et il est vrai qu'on nous impose parfois des choix. Néanmoins, nous gardons le contrôle sur notre réaction à ce qui nous arrive. C'est un défi d'être le patron. C'est effrayant, fatigant, stressant, gratifiant, excitant, riche en émotions, un cadeau, une corvée, une opportunité, et bien plus encore. Plus on le fait, plus ça devient facile. C'est une strate ajoutée à l'autonomie.

Astuce et entrainement, Nage 3

Astuce ! Vous êtes toujours votre propre patron.

Entrainement ! Suite à votre entrainement Nage 2, chaque jour, notez les actions pour lesquelles vous vous sentez le patron. Il s'agit d'actions que vous avez décidé vous-même d'accomplir. Vous allez en trouver beaucoup. Et vous allez en découvrir beaucoup qui sont similaires à ce que vous avez vu avec l'entrainement Nage 2. Si vous ne savez pas trop si c'est vous le patron pour certaines des actions que vous avez accomplies, notez-les avec un point d'interrogation entre parenthèses. Nous y reviendrons ultérieurement.

Nage 4 : Nous avons un corps

Pour pratiquer le self-leadership, encore faut-il avoir un soi – ou *self* – à diriger. Ce serait bien, n'est-ce pas ?

Je ne sais pas pour vous mais moi, je ne sais pas bien ce qu'est mon moi – mon *self*. Cela présente un avantage certain. Tant que je ne sais pas ce que c'est, cela peut être n'importe quoi. Les possibilités sont infinies. Souvent, je sais ce que mon *moi* n'est pas. Exemple : ce n'est ni un arbre ni une voiture. En général, je sais ce que mon *moi* est en train de faire. Exemple : taper sur un clavier d'ordinateur. Et je sais que mon *moi* a un corps.

Vous aussi, vous avez un corps.

Vous ne le trouvez peut-être pas parfait mais c'est tout de même un corps. Il est certainement composé d'oxygène, d'hydrogène, d'azote, de calcium, de phosphore, d'un peu de potassium, de soufre, de sodium, de chlore et de magnésium. Il doit contenir un cerveau, un cœur, des intestins, etc. En cet instant, il génère de l'électricité et différents types d'ondes (acoustiques, électromagnétiques, thermiques). Et il n'en fait qu'à sa tête. Tandis que vous lisez cette page, il inspire, expire, régule sa température, etc. Votre corps est bon en self-leadership. De surcroît, il a la capacité d'influencer la façon dont vous pratiquez le self-leadership avec votre tête. L'un de nos défis ultérieurs sera de faire agir corps et esprit avec la même intention de self-leadership.

Mais d'abord, qu'est-ce que ce corps ? Un signe de notre présence ? Une preuve de notre existence ? Quelque chose de palpable ? C'est notre présence physique, comme une ancre que nous voulons rendre très solide.

Astuce et entrainement, Nage 4

Astuce ! Votre corps est comme une ancre dans le monde d'aujourd'hui, une ancre essentielle que nous voulons robuste et solide.

Entrainement ! Comment est votre corps en cet instant ? Ressentez-vous une tension ou une détente dans vos muscles ? Pouvez-vous fermer les mains puis les relâcher ? Sentez-vous votre dos contre le dossier de votre siège ? Qu'en est-il de vos pieds ? Que se passe-t-il quand vous les appuyez au sol ? Remarquez combien le centrage sur votre corps et son interaction avec votre environnement renforce votre présence physique. Vous êtes en train d'ancrer votre corps.

Nage 5 : Nous respirons également

Bien. Notre corps est notre présence physique. Par elle, il nous fournit beaucoup d'informations sur notre présence ici, dans cette pièce, à cet instant précis, tandis que nous lisons ces lignes.

Faisons parler notre corps un peu plus fort. Joignez les mains quelques instants et ressentez le contact des articulations de vos doigts les unes contre les autres. À présent, placez vos mains sur vos cuisses et concentrez-vous sur la sensation de chaleur qui s'accumule sous vos mains. Posez une main sur votre poitrine ou votre ventre et laissez-la suivre plusieurs inspirations et expirations.

Votre corps s'exprime en permanence et la respiration est l'un de ses langages préférés. Rapide, elle peut être signe de stress, d'excitation. Lente, elle indique la relaxation, la somnolence, l'hypothermie. La respiration est votre compétence la plus ancienne. La contrôler, c'est souvent contrôler votre esprit.

Astuce et entrainement, Nage 5

Astuce ! Le contrôle de la respiration est une compétence indispensable au self-leadership. La respiration est d'abord une capacité innée que nous transformons ensuite en compétence.

Entrainement ! Nous allons apprendre quatre types de respiration. Ils procurent chacun des sensations différentes.

- → Inspirez et expirez par le nez en prenant votre temps. C'est le type de respiration le plus courant.
- → Inspirez et expirez par la bouche. C'est le type de respiration le plus utilisé quand on parle, surtout quand on parle vite.
- → Inspirez par le nez et expirez par la bouche. On respire souvent ainsi en parlant, en particulier pour se calmer quand on est nerveux.
- → Inspirez par la bouche et expirez par le nez. Là, vous avez peut-être dû réfléchir un peu. Si vous aviez été en train de nager, vous auriez choisi ce type de respiration naturellement.

Refaites chaque type de respiration cinq fois. Si vous vous sentez un peu étourdi, faites une pause ou arrêtez le type de respiration que vous étiez en train de pratiquer quelques instants. Quand vous vous sentez prêt, allongez le temps passé sur chaque type de respiration.

Nage 6 : Uniques et pourtant identiques

Voici l'un de mes paradoxes préférés: uniques et pourtant identiques. Les êtres humains sont tous les mêmes. Nous avons les mêmes besoins, les mêmes émotions et c'est ce qui nous rend à la fois uniques et différents.

Nous sommes tous motivés par des besoins à satisfaire. Je me réfère ici à la hiérarchie des besoins de Maslow et à ses six niveaux[3]:

1. *Besoins physiologiques* : exemple : ai-je assez à manger aujourd'hui ?
2. *Besoins liés à la sécurité* : dormirai-je dans un endroit sûr ce soir ?
3. *Appartenance sociale* : fais-je partie d'un groupe ?
4. *Estime de soi* : est-ce que je me reconnais une valeur individuelle ?
5. *Réalisation de soi* : est-ce que je réalise mon plein potentiel ?
6. *Auto-transcendance* : suis-je un être spirituel, une partie de l'univers ?

Ces six types de besoins motivent chacun d'entre nous. C'est la façon dont nous décidons de les satisfaire qui nous rend uniques et différents.

Savez-vous quand cela a commencé? Vous aviez environ deux ans. Vous êtes passés par le célèbre « stade du non », également appelé « la crise des deux ans ». Que découvrons-nous à ce stade ?

Plusieurs choses. Nous ne sommes pas une extension de nos parents et de notre environnement. Nous sommes différents des autres. Nous pouvons le revendiquer. Dire « Non ! » a été notre première façon de l'exprimer. Nous pouvions faire partie du groupe, tout en étant différents. Uniques et pourtant identiques.

Astuce et entrainement, Nage 6

Astuce ! L'exercice du self-leadership implique d'accepter d'être à la fois différents et identiques. Nous sommes des poissons uniques au milieu de nombreux poissons identiques à nous. Et c'est bien.

Entrainement ! Chaque jour, observez combien nos façons d'agir sont différentes, du travail à la cuisine en passant par l'organisation d'une maison. Remarquez que nous restons tout de même en lien les uns avec les autres. Notez quand cela va jusqu'à créer un lien plus étroit entre nous par une impression de complémentarité.

Nage 7 : Nous naissons tous explorateurs

Un jour, vous avez ouvert la bouche, vous avez pris une courte inspiration et produit votre premier son. Ça a été un grand cri qui a peut-être été douloureux. Ce fut aussi votre première inspiration. Ça en valait la peine, non ?

Un jour, vous avez agrippé la table pour vous lever en sollicitant vos abdos. C'était la première fois que vous tentiez de vous tenir debout (c'est l'un des pré-requis à la marche). Ce fut intense et difficile. Vous avez dû répéter cet effort plusieurs fois avant qu'il ne vous mène à la marche, la course, la randonnée, la danse, les sports d'équipe, etc. Ça en valait la peine, non ?

Vous avez accompli vos plus hauts faits d'explorateur et d'aventurier au cours des six ou sept premières années de votre vie, quand chaque jour vous offrait une nouveauté. Chaque jour vous avez été lâché dans la jungle et vous avez réussi. Certains ont fait preuve d'audace, d'autres de timidité mais nous avons tous réussi. Ça en valait la peine, non ?

Pendant cette période, nous acceptions facilement que la répétition d'une action fait partie d'un apprentissage réussi. Nous avons continué à nous exercer inlassablement en voyant chaque répétition comme une occasion de progresser. Et nous avons répété ces actions, élargissant ainsi le champ des possibles. Tels des explorateurs.

Astuce et entrainement, Nage 7

Astuce ! Nous naissons tous explorateurs, avec la capacité innée d'explorer des activités et des compétences nouvelles. En le redécouvrant et en le réapprenant, nous allons retrouver la facilité et la joie qu'il y a à faire un effort.

Entrainement ! Commencez par identifier quelques tâches simples puis accomplissez-les d'une façon inhabituelle. Exemple : changez votre sac d'épaule ; lorsque vous fermez votre porte, au lieu de prendre votre clé de la main gauche, prenez-la de la main droite ; en rentrant chez vous, empruntez un itinéraire différent ; amusez-vous à manger en tenant votre fourchette avec votre main non-dominante, etc.

Amusez-vous avec cet Entrainement Nage 7 et remarquez combien on se sent fort quand on réussit à accomplir une action de façon inhabituelle.

Natation supplémentaire pour les plus motivés

Envie de nager plus loin avec quelques entrainements supplémentaires ? Profitez-en bien !

Entrainement supplémentaire Nage 1, L'observation – Les observations sont ce que nous voyons, entendons et sentons par l'odorat, le toucher ou le goût. Elles font appel à nos cinq sens. Chaque jour, prenez quelques instants pour vous concentrer sur l'un de vos sens en particulier. Exemple : quand vous vous sentez suffisamment en sécurité pour cela, fermez les yeux et concentrez-vous sur tout ce que vous entendez ou tout ce que vous pouvez sentir par l'intermédiaire de votre corps, intérieur et extérieur. Puis refaites le même exercice les yeux ouverts pour apprendre à vous concentrer sur un sens en continuant à utiliser les quatre autres. Faites de même en accomplissant vos tâches quotidiennes pour apprendre à observer en permanence. Que cherchons-nous ? La prise de conscience de tout ce que nous pouvons observer à chaque instant par nos cinq sens.

Entrainement supplémentaire Nage 5, La respiration – Avec la Nage 5, nous avons identifié quatre types de respiration différents :

→ Inspirer et expirer par le nez.
→ Inspirer et expirer par la bouche.
→ Inspirer par le nez et expirer par la bouche.
→ Inspirer par la bouche et expirer par le nez.

Quels autres types de respirations utilisez-vous déjà ?

Dans vos activités quotidiennes, voyez ceux que vous pouvez identifier. Exemple : quand on court, on utilise différents types de respiration en fonction de sa vitesse. Si vous regardez un film à suspens, vous remarquerez peut-être un autre type de respiration quand vous retenez votre souffle.

Prenez autant de notes que possible dans votre carnet. Vous commencez peut-être à remarquer que le changement actif de type de respiration modifie quelque chose dans votre esprit. Si c'est le cas, réjouissez-vous de cette découverte car nous allons y revenir très bientôt.

Un moment de réflexion dans l'aquarium

Vous avez accompli sept Nages et commencé à prendre l'habitude de vous entrainer régulièrement. Voici notre premier moment de réflexion avec trois questions simples :

1) Mes Nages préférées dans ce chapitre :

2) Les Nages d'entrainements que je pratique chaque jour :

3) Les Nages pour lesquelles je n'ai encore aucune patience :

2, Sept mythes à réfuter

Je préfère que mon esprit soit ouvert par l'émerveillement que fermé par des croyances.

– Gerry Spence

De poisson à poisson

Nous voilà enrichis de sept observations utiles, sept informations factuelles et avec elles, un fait précis : nous possédons déjà sept outils de self-leadership. Nous les avions peut-être oubliés ; nous ne savons peut-être pas trop comment les utiliser ; et nous sommes en train de transformer l'utilisation de ces outils en habitudes.

À présent, si nous révélions et réfutions sept mythes ?

Les mythes sont des croyances que nous ne remettons pas en cause. Ils délimitent souvent des boîtes dans lesquelles nous vivons heureux et confiants, des aquariums dans lesquels nous tournons en rond.

Et si ces mythes n'étaient qu'un point de vue particulier ?

Une lentille devant nos yeux quand nous regardons par la fenêtre...

Le bouton d'arrêt de l'aquarium est toujours enclenché. Vous faites preuve d'autonomie et décidez d'allonger la période pendant laquelle il le restera. En voyant ce ralenti qui vous montre tous les détails de la ligne d'arrivée, vous vous demandez... Et s'il y avait plus d'une ligne d'arrivée ? Et s'il y avait plus d'un aquarium ? Une fois de plus, vous revoyez le moindre de vos mouvements ; absolument tout, vos comportements, vos attitudes, vos points de vue et tout ce qui compose votre environnement.

Nage 8 : Le mythe de la connaissance de soi

Il est sept heures du matin et je suis en train de taper sur mon ordinateur. Ai-je besoin de le connaître à fond pour écrire des phrases à l'écran ? Pas vraiment. J'ai besoin d'informations partielles : comment l'allumer, vérifier l'état de la batterie, ouvrir le logiciel adéquat. Et j'ai besoin de savoir ce que je veux faire avec mon ordinateur.

Il est dix heures du matin et je quitte mon appartement en fermant la porte à clé. Ai-je besoin de savoir comment est conçue la serrure pour fermer à clé ? Pas vraiment. Encore une fois, j'ai juste besoin d'un savoir partiel : quelle clé utiliser et comment. Et j'ai besoin de savoir que je veux fermer la porte.

À présent, je me rends au travail à vélo. Ai-je besoin de connaître toutes les lois de la physique pour me déplacer à vélo ? Pas vraiment. Là encore, un savoir partiel suffit, à supposer que je sache où je veux me rendre.

Alors dites-moi pourquoi nous, les êtres humains, tenons tant à atteindre *la connaissance complète* de nous-mêmes au lieu de nous concentrer sur cette question simple : « qu'est-ce que je veux voir advenir ? ».

C'est très important d'avoir *un savoir partiel* sur notre identité. Pour y accéder, nous observons. Nous recueillons des informations sur nos habitudes, nos perceptions. Nous cherchons des liens entre notre vécu et nos réactions. Nous surveillons nos réactions. Cependant, pour réfuter ce mythe, notre attention doit passer de la connaissance de nous-mêmes à la connaissance de ce que nous voulons voir advenir. Acceptons l'idée suivante : « On peut avancer avec des informations partielles ».

Astuce et entrainement, Nage 8

Astuce ! La connaissance totale de soi est très surfaite ; un savoir partiel suffit. Il est bien plus utile de savoir ce que nous voulons voir advenir.

Entrainement ! Concentrez-vous sur ce que vous voudriez voir advenir aujourd'hui, quelque chose que vous aimeriez dire, voir ou faire. Notez-le dans votre carnet puis détendez-vous, observez et surveillez ce qui se passe. Il est probable que vous réalisiez ces actes plus vite que prévu.

Nage 9 : Le mythe de la compréhension

1939. Frida Khalo, grande artiste mexicaine, expose ses peintures à Paris, le centre du mouvement surréaliste français. André Breton est enthousiaste. Pour lui, ces œuvres font partie des tableaux surréalistes les plus puissants. Voici la réponse de Frida à ses commentaires : « On me dit surréaliste mais c'est faux. Je n'ai jamais peint de rêves. Je peins ma réalité. »

De quoi s'agit-il ici ? Les commentaires d'André Breton sur les tableaux de Frida étaient basés sur sa perception qui, à l'époque, tournait autour du surréalisme. Il s'est imaginé qu'il la comprenait alors qu'en réalité, il donnait une interprétation fondée sur ce qu'il voulait voir.

Le sens que nous donnons à nos expériences est très subjectif. La seule façon de comprendre quelqu'un intégralement est d'entrer dans sa tête pour tout voir comme cette personne avec, en toile de fond, toutes les informations qu'elle a recueillies depuis sa naissance, toutes ses expériences passées, tous ses souvenirs, etc. La compréhension n'est qu'une illusion d'optique engendrée par les lentilles déformantes de nos expériences, de nos souvenirs et de nos sentiments. Ce que nous appelons compréhension n'est qu'une interprétation.

Pour réfuter ce mythe, passons de la *compréhension* à *l'appréciation* en consacrant notre énergie, non plus à l'interprétation mais à l'utilisation d'informations factuelles. Cela implique de recueillir des informations, observer, consentir ou non à une action, reconnaître l'impact d'une situation sur nous, choisir d'être en accord avec elle ou pas, etc.

Astuce et entrainement, Nage 9

Astuce ! La compréhension est comme une illusion d'optique. Le passage de la compréhension à l'appréciation modifie le focus où nous dépensons notre énergie.

Entrainement ! Pensez à une situation ou à une personne que vous tentez de comprendre. Effacez tout ce que vous en savez puis recherchez des informations factuelles à son sujet. Recueillez tous les faits possibles puis reconnaissez et appréciez chacun d'eux. Vous allez peut-être devoir reconnaître l'impact d'un fait sur vous, et choisir votre réaction à la lumière de ce fait, etc.

Nage 10 : Le mythe de la conscience de soi

L'expression *conscience de soi* est à la mode mais de quoi s'agit-il ?

→ D'une bonne connaissance de soi et d'une opinion juste sur soi-même ? (*cambridge.org*)
→ Du fait d'être conscient de ses propres sentiments, de son tempérament, etc. ? (*collinsdictionary.com*)
→ D'une aptitude à l'introspection et de la capacité à se reconnaître distinct de son environnement et d'autrui ? (*wikipedia.org*)
→ D'une conscience de son individualité et de sa personnalité ? (*merriam-webster.com*)

L'une de ses définitions vous aide-t-elle ? Probablement pas.

Pour réfuter le mythe de la connaissance de soi, faisons appel à un savoir partiel et considérons en premier la conscience de soi comme le fait d'être conscient du soi, tout simplement ici *le soi physique*. Où que vous soyez, votre *moi physique* est entouré d'éléments extérieurs à vous. Tous ces éléments forment un système. Vous êtes l'un de ces éléments, plus ou moins indépendant et influencé mais toujours connecté au système. Être conscient de notre moi physique signifie alors surveiller et reconnaître nos interactions à l'intérieur du système *moi-autres-environnement*.

La première étape de la conscience de soi consiste donc à surveiller tout ce qui se passe *en dehors de soi*, la deuxième à surveiller tout ce qui se passe *à l'intérieur de soi* en réaction au système. Quant à la troisième étape...

Astuce et entrainement, Nage 10

<u>Astuce !</u> La conscience de soi consiste à surveiller le système moi-autres-environnement. La pratique de la conscience de soi commence par l'observation et l'attention à tout ce qui se passe autour de nous.

<u>Entrainement !</u> Depuis le début, vous vous entrainez à faire des observations quotidiennes, c'est-à-dire à recueillir des informations factuelles sur le système moi-autres-environnement. Ajoutons une strate et voyons l'impact de ces observations sur nos interactions avec le système. Chaque jour, faites trois observations (informations factuelles) puis évaluez si elles modifient votre impression et/ou sensation à ce moment-là. (Exemple : le soleil brille ; j'ai reçu une facture par la poste, etc.)

Nage 11 : Le mythe de la personnalité figée

L'idée que notre cerveau cesse d'évoluer à partir de nos 20 ans associée à la croyance que nous cessons de produire des neurones vers 25 ans est probablement l'un des plus grands mythes du siècle passé. Pourtant, à la fin du XIXe siècle, le philosophe et psychologue américain William James avançait déjà des faits et des observations prouvant les capacités de développement du cerveau. Il a fallu attendre l'invention de l'IRM et d'autres technologies d'imagerie cérébrale pour reconnaître la capacité permanente du cerveau à évoluer, changer, grandir et se réparer lui-même.

Cette capacité s'appelle neuroplasticité ou plasticité cérébrale. Le chercheur en neurosciences Norman Doidge a même inventé les expressions « plasticité positive » pour désigner les capacités de récupération après une attaque cérébrale et « plasticité négative » qui recouvre de mauvaises habitudes comme la toxicomanie, un trouble obsessionnel compulsif ou l'alcoolisme.

Comment s'en servir pour réfuter le mythe de la personnalité figée ?

Votre personnalité renvoie à votre façon d'appréhender la vie. Que vous soyez drôle, extraverti, sportif, énergique, détendu, optimiste, etc., cela influence *votre façon de penser* et *de réaliser une tâche*. L'inverse est également vrai. Exemple : l'apprentissage par imitation. En imitant le comportement de quelqu'un, nous changeons notre façon de procéder. La répétition aidant, notre cerveau puis notre personnalité en sont modifiés.

Astuce et entrainement, Nage 11

Astuce ! La personnalité peut changer. Le savoir est une composante extrêmement importante du self-leadership. Si un aspect de votre personnalité vous déplaît, vous pouvez le modifier.

Entrainement ! Prendre modèle sur quelqu'un, c'est *accomplir une tâche comme cette personne*. Exemple : on peut prendre modèle sur un professeur de sport ou de langue, un manager, un ami cher, etc.

Pensez à quelqu'un que vous avez pris pour modèle récemment. Comment cela a-t-il modifié votre façon d'agir ? Qu'avez-vous remarqué d'autre ? Évaluez tous ces points et notez-les dans votre carnet.

Nage 12 : Le mythe de la dissociation corps-esprit

Avec les Nages 4 et 10, nous avons laissé une question en suspens : qu'est-ce que le *soi* ? Nous n'y répondrons pas aujourd'hui mais introduisons un nouvel élément dans cette conversation.

Nous sommes au XVIIe siècle dans le monde occidental. Un grand débat philosophique oppose le philosophe français Descartes au philosophe hollandais Spinoza jusqu'à ce que le fameux *Cogito ergo sum* de Descartes l'emporte. Le *soi*, caché derrière l'expression « je suis », est érigé en produit de la raison, celle-ci étant l'application de la logique, de théories, de preuves empiriques, etc. La défaite de Spinoza nous prive des émotions ainsi que de l'hypothèse selon laquelle l'humain est un système complexe où esprit, cerveau et corps sont connectés.

Trois siècles plus tard, en 1994, le mythe de la dissociation entre corps et esprit est enfin réfuté et le fameux *Cogito ergo sum* refait les gros titres en des termes légèrement différents : « Je ressens donc je suis ». Dans son livre, *L'Erreur de Descartes : la raison des émotions,* Antonio Damasio écrit : « La division entre raison et passion ou cognition et émotion (qui remonte à Aristote) est une erreur d'un point de vue neurobiologique. » L'IRM et d'autres méthodes montrent qu'une décision est motivée aussi bien par les émotions que par la pensée. Par ailleurs, les personnes souffrant de lésions cérébrales touchant spécifiquement les zones de traitement des émotions sont incapables de prendre des décisions appropriées. Voilà pourquoi on ne peut plus séparer entièrement cerveau et esprit.

Astuce et entrainement, Nage 12

Astuce ! L'esprit et le corps sont les deux faces d'une même médaille. Ils interagissent et s'influencent en permanence. Un changement dans votre façon d'utiliser votre corps peut réellement modifier votre esprit.

Entrainement ! Amusons-nous avec cette phrase modifiée : « Je prends une pose donc je suis... » Exemple : « Je suis debout sur mes deux pieds comme un arbre donc je suis aussi fort qu'un arbre ». Pour trouver des idées de poses à adopter, regardez le *TED Talk* d'Amy Cuddy[4]. Gardez toujours la pose choisie pendant deux minutes. Notez toute observation utile dans votre carnet en vous attachant aux informations factuelles.

Nage 13 : Le mythe de la confiance

Confiance est un mot piège, un mot abstrait facile à confondre. D'une part, il suggère la force et la certitude mais d'autre part, il a un lien étymologique très fort avec le mot *confidence* qui évoque une idée de secret. Il est souvent défini par des mots encore plus abstraits : *sentiment, croyance ou foi*.

En voici une définition : « Sentiment ou croyance selon lesquels on peut se reposer sur quelqu'un ou quelque chose. » En voici une autre, plus simple : « La confiance est liée à la capacité à réussir. » Appliquons-la à une situation concrète.

Supposons que je m'inquiète à propos d'une tâche au point de me visualiser en train de ne pas la réaliser. C'est donc que j'ai confiance dans ma capacité à réussir à ne pas la réaliser. Au contraire, si je me visualise en train de la réaliser, même si je m'inquiète à son propos, ma confiance dans ma capacité à l'accomplir naitra. N'est-ce pas formidable ? Quels que soient la situation et le résultat, je suis confiant.

Et si nous possédions tous la confiance ? Et si le problème était en fait la compétence ou la situation à laquelle nous l'appliquons ? Réfuter le mythe de la confiance, c'est s'attacher aux compétences et aux situations.

Astuce et entrainement, Nage 13

Astuce ! Vous possédez la confiance. Vous ne l'avez peut-être pas encore appliquée à la bonne compétence, la bonne situation ou le bon objectif.

Entrainement ! Identifiez une situation (A) où vous avez eu confiance dans votre incapacité à faire quelque chose et où vous en avez effectivement été incapable. Puis identifiez d'autres situations (B) où, même avec l'impression négative d'être incapable de réaliser une certaine tâche, vous avez réussi à la mener à bien. Comparez vos informations factuelles pour les situations A et B. Quelle information factuelle présente dans la situation B manque à A ? Qu'est-ce qui vous a aidé à vous concentrer sur le résultat approprié dans la situation B ?

Cet entrainement explore le paradigme des prophéties auto-réalisatrices. En tant que self-leaders, vous allez apprendre à identifier et opter pour des prophéties qui vous aident.

Nage 14 : Le mythe du refus du changement

Je suis tombée récemment sur deux citations formidables. La première est de W. Edwards Deming, un économiste du XXe siècle : « Il n'est pas nécessaire de changer. La survie n'est pas obligatoire. » La seconde est d'Héraclite, un philosophe grec de l'Antiquité : « Le changement est la seule constante. » C'est un fait, que ce soit dans la vie ou dans les affaires. Le changement est une constante.

Et pourtant, nous vivons avec ce mythe : « Les gens n'aiment pas changer. » Si c'était vrai, les couples n'auraient jamais d'enfant et la race humaine n'existerait pas.

La vie se construit autour du changement, tout simplement. Et ce n'est pas le changement que les gens n'aiment pas, c'est de ne pas avoir la main sur ce changement et sur l'impact qui en découle.

Le film *Deux jours, une nuit* (2014) en donne un parfait exemple. Sandra, l'héroïne, découvre un vendredi soir que ses collègues ont opté pour une prime qui entraine son licenciement. En apprenant la nouvelle, elle se réfugie d'abord dans la passivité et la panique. Cependant, son mari et deux de ses amis la poussent à passer à l'action en allant voir chacun de ses collègues pour qu'ils reviennent sur leur décision. Le lundi matin suivant, bien qu'un nombre suffisant de ses collègues aient accepté de la soutenir et que l'équipe de direction ait changé d'avis, Sandra refuse de garder son emploi. Même si ses efforts ont été couronnés de succès, elle refuse de rester. Calme, déterminée, forte et très lucide, elle crée le changement qui l'effrayait au départ.

Pour réfuter le mythe du changement, attachons-nous à reprendre la main sur les changements qui se produisent autour de nous.

Astuce et entrainement, Nage 14

Astuce ! Les gens aiment les changements sur lesquels ils ont la main. Si un changement vous déplaît, demandez-vous : « Comment puis-je reprendre la main sur ce changement ou cette situation ? »

Entrainement ! À partir d'aujourd'hui, relevez d'une part les changements quotidiens que vous créez (changement de restaurant, de coiffure, etc.) et d'autre part ceux que vous subissez. Notez ceux qui vous contrarient.

Natation supplémentaire pour les plus motivés

Entrainement supplémentaire Nage 10, Le mythe de la conscience de soi – Nous associons souvent soi et sentiment d'identité. Certains d'entre nous sont très forts pour compléter la phrase « Je suis... ».

Exemple : Je suis <votre prénom>, grand, petit, nerveux, calme, etc.

Même si vous n'aimez pas écrire de phrase commençant par « Je suis », pour les besoins de votre évolution, tentez l'expérience.

Quand vous avez écrit quelques phrases, faites une pause et réécrivez-les en commençant par « Je fais l'action de... » ou « Je passe par le processus de... »

À présent, inversez la phrase. Imitez Descartes et son célèbre « Je pense donc je suis ». Exemple : « Je joue du piano donc je suis... », etc.

Prenez le temps de constater le nombre de variantes de cette idée de soi dont vous avez déjà dressé la liste.

Entrainement supplémentaire Nage 13, Le mythe de la confiance – Penchons-nous d'un peu plus près sur le mot *confiance*. Que vous évoque-t-il ? Pour le découvrir, transformons-le en « mot conscient » en trois étapes simples.

1. Écrivez le mot CONFIANCE verticalement sur votre page (une lettre par ligne).
2. Pour chaque lettre, trouvez un mot, un nom ou un adjectif à associer à la confiance. Vous pouvez penser à un contexte précis (une réunion, une leçon de conduite, etc.) ou généraliser.
3. Quand c'est possible, faites-en une phrase (facultatif).

Un exemple connu de mot conscient est le mot anglais FAIL (rater) :

F first (première)
A attempt (tentative)
I in (d')
L learning (apprentissage)

On peut faire la même chose avec le mot RATÉ(R) qui devient : Reconnaitre un Apprentissage à Travers une Expérience (et Recommencer autrement)

Un moment de réflexion dans l'aquarium

Réfuter des mythes, c'est nager hors de l'aquarium. Continuez à vous entrainer régulièrement et profitez de votre deuxième prise de recul en répondant à ces trois questions :

1) Mes Nages préférées dans ce chapitre :

2) Les Nages d'entrainement que je pratique chaque jour :

3) Les Nages pour lesquelles j'ai du mal à « lâcher le bord » :

3, Sept habitudes pour votre kit de survie

La simplicité est la sophistication suprême.

– Léonard de Vinci

De poisson à poisson

Nous avons commencé par explorer sept observations utiles. Puis nous avons réfuté sept mythes.

Et si nous prenions le temps d'établir non seulement une base mais aussi un kit de survie pratique pourvu de sept habitudes solides qui nous serviront également d'outils faciles à utiliser dans n'importe quelle situation, en particulier celles qui sont difficiles.

Pourquoi cette notion de situations difficiles ?

Quand une situation est-elle difficile ?

Pourquoi vouloir exercer un self-leadership efficace dans des situations qui sont difficiles ?

Une situation difficile est une situation qui présente un défi et que nous avons généralement du mal à gérer ou à affronter. Les situations difficiles sont un bon moyen de tester notre self-leadership. Plus vous faites preuve de self-leadership, plus vous restez calme et posé quoi qu'il arrive. Plutôt que de chercher à contrôler les situations, vous vous concentrez sur contrôler vos réactions.

Alors que nous faut-il dans notre kit de survie ?

Sept actions faciles à se remémorer et à appliquer. Sept outils parfaits pour nous tirer du pétrin. Sept habitudes « bien-être » quotidiennes.

Avec ce kit de survie, nous travaillons sur l'état d'esprit à la base du self-leader, un état d'esprit par défaut facile à retrouver et dans lequel nous pouvons exprimer notre self-leadership. Considérez cela comme le point de départ de la spirale de croissance de notre introduction. À partir de ce centre, nous allons ajouter plusieurs strates d'aptitudes et de compétences en self-leadership, ce qui construira notre spirale au fur et à mesure.

C'est l'heure. L'heure de ré-appuyer sur le bouton de l'aquarium.

L'eau va se remettre à circuler beaucoup plus vite. Vous êtes prêt. Vous avez un ancrage – votre corps – et sept habitudes à venir, comme les muscles puissants dont vous avez besoin pour nager où vous voulez.

Nage 15 : Respirez et buvez

Avez-vous remarqué que les poissons ne peuvent pas se passer d'eau ? Ils respirent dans l'eau. Nous n'en sommes pas là mais rappelons-nous de :

→ BOIRE DE L'EAU régulièrement, en particulier quand nous ressentons une baisse d'énergie ou un ralentissement de notre esprit.

→ RESPIRER : inspirer et expirer régulièrement et lentement, en particulier quand nous ressentons un changement de rythme respiratoire indésirable ou une accélération désagréable. Dans ce cas, passez un peu de temps à faire des inspirations et expirations de même durée, d'abord de 3 secondes puis de 4 secondes, 5 secondes jusqu'à ce que vous arriviez à 6 secondes.

Que se passe-t-il en premier? La pause que vous faites pour respirer vous donne le temps de boire de l'eau ? Ou le verre d'eau que vous buvez vous oblige à faire une pause et à respirer ? En tout cas, deux choses se passent :

1. Un approvisionnement en oxygène (dans l'air ou dans l'eau). Et sans eau ou sans oxygène, notre corps ne peut pas fonctionner. Par exemple : environ 60% du corps humain est composé d'eau (principalement dans le cerveau, le cœur, les reins, les os et le sang). Nos cellules utilisent l'oxygène pour fragmenter le sucre et produire la plus grande partie de l'énergie dont nous avons besoin pour fonctionner.

2. La création d'un geste (mouvement des mains ou des bras). Et il agit comme un disjoncteur interrompant le flot de ce qui pose problème.

Astuce et entrainement, Nage 15

Astuce ! Buvez de l'eau régulièrement, sans attendre d'avoir soif et jamais trop d'un coup. Respirez sur un rythme régulier. Quand c'est possible, veillez à inspirer et expirer sur la même durée.

Entrainement ! Dans les jours à venir, évaluez la quantité d'eau que vous buvez (l'alcool, le thé ou le café ne comptent pas). Veillez particulièrement à boire de l'eau pendant les réunions, surtout si elles sont longues. Ensuite, identifiez votre rythme naturel d'inspiration et d'expiration. Observez votre respiration au repos. Est-elle superficielle ? Régulière (les inspirations sont-elles aussi longues que les expirations) ? Votre ventre bouge-t-il ? Vos épaules se soulèvent-elles ? Est-elle précipitée ? Comme d'habitude, notez ces faits dans votre carnet.

Nage 16 : Développez une posture par défaut

Par sa présence physique, notre corps est une ancre pour notre esprit (Nage 4). Il nous arrime dans l'instant présent. Aujourd'hui, avec cette Nage 16, faisons de cette ancre un lieu sûr et une source d'énergie et de force. La stabilité et la force physique se transmettront ensuite à l'esprit. Nous allons nous doter d'une posture d'ancrage par défaut avec cinq étapes simples :

1. Mettez-vous debout en écartant vos pieds de la largeur de votre bassin.
2. Inspirez et expirez sans effort.
3. Laissez pendre vos bras de part et d'autre de votre corps, redressez la poitrine et détendez-vous en relâchant toutes les tensions.
4. Inspirez un peu plus fort et un peu plus largement et visualisez quelque chose qui représente la stabilité pour vous. C'est peut-être un arbre (vos pieds sont comme des racines dans le sol), un rocher massif, une maison dont vos pieds sont les fondations.
5. Mobilisez tous vos muscles de façon équilibrée, fluide et sans tension. Vos épaules sont relâchées. La position de la poitrine est portée par les muscles abdominaux (ceux au niveau de l'estomac). Focalisez-vous sur une impression d'aisance et de fermeté.

Cette posture est une façon de vous tenir debout par défaut à laquelle vous pouvez revenir facilement, sans effort, chaque fois que c'est nécessaire.

Astuce et entrainement, Nage 16

Astuce ! Une bonne posture d'ancrage est dynamique. Les pieds sont écartés de la largeur du bassin, les bras pendent le long du corps, la poitrine est haute et droite, les muscles sont fermes, détendus et mobilisés dans un équilibre fluide.

Entrainement ! Chaque jour, pratiquez la séquence en cinq points décrites ci-dessus. Donnez-lui un nom (« mon état par défaut », « mon état d'ancrage » ou « mon état-arbre ») facile à associer avec cette séquence. Le fait de prononcer ce nom devrait immédiatement vous ramener à cet état. Commencez à vous entrainer à adopter votre posture par défaut n'importe quand - en réunion, dans les transports en commun, etc.

Si vous avez du mal à rester debout, entrainez-vous assis. Utilisez la chaise ou le sol sur lequel vos pieds reposent pour ancrer votre corps. Là aussi, recherchez une position assise ferme, dynamique et détendue.

Nage 17 : Restez en éveil

Nous sommes continuellement entourés d'éléments extérieurs formant un système. Et au sein de ce système nous ne sommes qu'un élément, plus ou moins indépendant et influencé, et toujours entièrement connecté au système. La conscience de soi consiste à surveiller nos interactions avec le système *moi-autres-environnement*. La clé de la conscience de soi et de ce monitoring permanent réside dans un excellent sens de l'observation. Pour rester en éveil, il faut que nous observions en permanence notre environnement et donc que nous surveillions continuellement nos interactions ou nos réactions au système.

Pourquoi est-il aussi important de rester en éveil ?

Chaque observation est un événement réel que nous enregistrons par nos sens et que nous métabolisons grâce à notre bibliothèque d'expériences. Ces événements sont des informations factuelles qui peuvent servir de stimuli et déclencher des humeurs particulières, des états mentaux, des actions, etc. Ils peuvent aussi servir de solution pour modifier les interactions à l'intérieur du système. Plus nous serons précis sur tout ce qui s'y passe, plus nous aurons de possibilités d'influer ce « tout ». Nous le verrons aux chapitres suivants.

Astuce et entrainement, Nage 17

<u>Astuce</u> ! Rester en éveil implique l'observation continuelle de tout ce qui se produit dans le système moi-autres-environnement. Plus nous sommes précis sur tout ce qui se produit autour de nous, plus nous aurons de possibilités de choix concernant nos réactions.

<u>Entrainement</u> ! Dans la Nage 1, nous nous sommes entrainés à observer par nos cinq sens. Dans la Nage 10, nous avons associé nos observations à nos impressions. Voici une nouvelle strate : le développement d'un engagement total dans l'observation. Où que vous soyez, quoi que vous fassiez, efforcez-vous de faire la mise au point de votre esprit, votre corps et vos cinq sens sur votre environnement. Remarquez les gens qui se déplacent, l'heure qu'il est, le temps qu'il fait. Continuez à accomplir vos tâches tout en remarquant les meubles qui vous entourent, les éventuels changements d'expression faciale de votre collègue, les sons ambiants. Entrainez votre esprit et votre corps à observer le moindre détail dans votre vie quotidienne.

Nage 18 : Restez détendu

Une recherche Internet sur l'expression *rester détendu* donne beaucoup moins de résultats que *rester calme et cool*. Néanmoins, être « calme », c'est très différent d'être « détendu ». Pour faire un semi-marathon, il faut que je reste détendue afin de pouvoir courir aussi longtemps que possible. Je vais alors me concentrer sur la détente musculaire. Si je monte à cheval, il faut aussi que je reste détendue pour accompagner le mouvement de l'animal. Là encore, je vais rechercher la détente musculaire. Si j'assiste à une formation, il faut que je reste détendue pour garder un esprit ouvert et parce que je sais que le relâchement contribue à la mémorisation. Cependant, être calme et cool n'est peut-être pas une bonne idée, ressentir de l'excitation et de la curiosité, est probablement plus utile à mon apprentissage.

Alors qu'appelons-nous *rester détendu*?

Nous approchons la détente comme le contraire de la tension. Rester détendu, c'est tâcher d'avoir une sensation de fluidité et de suivre ce flux avec le minimum de dépense d'énergie physique, mentale et émotionnelle.

« Avoir une sensation », c'est subjectif. Pour augmenter nos chances d'avoir cette sensation, concentrons-nous sur des informations factuelles – plus précisément sur le biofeedback comme le rythme cardiaque et la tension musculaire. On obtient ces informations grâce à deux questions simples :

1. Mes muscles sont-ils souples et détendus, dynamiques et libres de toute tension inutile ?   Oui/Non
2. Mon rythme cardiaque est-il régulier ?   Oui/Non

Quand la réponse est « Non », nous passons par une série d'actions à répéter jusqu'à pouvoir répondre « Oui ».

Alors comment faire pour *rester détendu*?

Commençons par les muscles. Il n'est pas toujours facile de garder un muscle souple et détendu. Il est plus facile d'identifier une tension. Serrez le poing jusqu'à ce que vous sentiez la tension musculaire jusqu'à l'épaule. Peut-être votre avant-bras commence-t-il à trembler. À présent, ouvrez le poing. La tension se relâche. Immédiatement, votre bras se détend. Forcer une tension puis la relâcher provoque immédiatement une détente.

Qu'en est-il ensuite de notre rythme cardiaque ?

Quand on parle du cœur, il y a un certain nombre de points intéressants. Quels que soient la culture, la religion et le pays, le cœur est un symbole important associé à nombre de métaphores. C'est aussi un muscle très simple - puissant, certes mais juste un muscle. Maintenant, des travaux récents montrent que le cœur peut envoyer des messages au cerveau, comme s'il « savait » avant le cerveau (cf. le *HeartMath Institute* aux États-Unis[5]). Il y a même des preuves de l'existence d'un *cerveau-cœur*. De plus, le cœur bat et ce battement crée un rythme - un mouvement ondulatoire - qui peut changer. C'est la « variabilité du rythme cardiaque » (VRC). Quand nous sommes excités ou nerveux, le rythme cardiaque accélère. Quand nous sommes plongés dans un sommeil de qualité, il ralentit.

Voici qui peut paraître évident : votre rythme cardiaque est lié à votre rythme respiratoire. Ce phénomène s'appelle « arythmie respiratoire sinusale » (ARS). Inspirez et votre rythme cardiaque accélère légèrement. Expirez et il ralentit[6]. Ainsi, un rythme respiratoire très régulier influera sur votre rythme cardiaque (ou VRC). Pour rester détendus, nous allons nous concentrer sur un rythme inspiration-expiration très régulier et développer une VRC cohérente. C'est notre deuxième étape.

Astuce et entrainement, Nage 18

Astuce ! Pour rester détendus, nous nous concentrons sur deux points : des muscles libres de toute tension et une respiration régulière et lente, les deux en même temps ou dans l'ordre qui nous convient.

Entrainement ! Étape 1. Asseyez-vous confortablement. Inspirez par le nez pendant quatre secondes puis expirez par le nez sur la même durée. Répétez pendant deux minutes. Si c'est plus facile, inspirez tout de suite pendant cinq ou six secondes puis expirez pendant la même durée. Si vous commencez par quatre secondes, exercez-vous à tenir ce rythme puis augmentez progressivement à cinq secondes jusqu'à ce que vous réussissiez à atteindre un rythme régulier de six secondes. Ensuite, répétez le même exercice en marchant, en conduisant, à vélo, etc.

Étape 2. De nouveau, asseyez-vous confortablement. Fermez les yeux aussi fort que possible puis relâchez. Rentrez votre nombril autant que possible puis relâchez. Idem avec d'autres groupes musculaires : les bras, les mains, etc. Refaites cet exercice pendant une autre activité.

Nage 19 : Reconnaissez vos émotions

1872. Charles Darwin vient de publier *L'Expression des émotions chez l'homme et l'animal.* Il y expose deux théories - 1. Les émotions humaines associent des états mentaux à des mouvements du corps. 2. Les émotions humaines sont déterminées génétiquement et découlent d'actions animales délibérées. Il suppose même que les animaux peuvent éprouver des émotions. Idée scandaleuse ! À l'époque, les émotions ne sont associées qu'aux êtres humains et considérées comme des comportements acquis présents dans certaines cultures et sociétés uniquement. Environ un siècle plus tard, grâce aux travaux du Dr Ekman et de son équipe, le tableau est très différent. Nous acceptons désormais l'existence de six « émotions universelles » (colère, dégout, peur, tristesse, surprise, joie), universellement identifiables par des expressions faciales.

De nos jours, les émotions sont à la mode. Toute une branche de l'histoire étudie l'histoire des émotions, sujet complexe encombré par les cultures et les langues (cf. Tiffany Watt et son *TED Talk, L'Histoire des émotions humaines*[7]). Les neuroscientifiques s'y intéressent aussi. Nous avons déjà parlé du travail d'Antonio Damasio à la Nage 4 et de la réfutation du mythe de la dissociation entre corps et esprit. Il y a même des cours sur l'intelligence émotionnelle dans les écoles de commerce.

D'ailleurs, qu'est-ce qu'une émotion ?

Ce mot vient du latin *ex (e),* à l'extérieur, et *movere,* bouger. Une émotion, c'est quelque chose qui nous met en mouvement pour agir. Utilisons cette information comme premier moyen de reconnaître nos émotions.

Astuce et entrainement, Nage 19

Astuce ! Les émotions nous poussent à agir. La reconnaissance de nos émotions commence par la reconnaissance de ce qui nous pousse à agir.

Entrainement ! Avant la fin de la journée, asseyez-vous pour une pause. Et pensez aux actions que vous avez accomplies aujourd'hui. Qu'est-ce qui vous y a poussé ? Certaines actions étaient-elles plus faciles que d'autres ? Puis réfléchissez à ce que vous voulez faire demain. Qu'est-ce qui vous a poussé à planifier ces actions ? Pensez à vos prochaines vacances. Qu'est-ce qui vous pousse à les organiser ? Pour finir, dresser dans votre carnet la liste de toutes les émotions qui vous sont familières, s'il y en a.

Nage 20 : Restez en mouvement

Avez-vous remarqué que tout est basé sur le mouvement ?

Vous n'êtes pas convaincu ? Songez à votre cœur qui bat. S'il arrête de bouger, ce qui s'appelle une crise cardiaque, tout s'arrête avec lui, et votre vie aussi.

Notre cœur bouge toujours sur un rythme régulier. Du sang coule dans nos veines et nos artères. Nos hormones et autres ingénieuses substances chimiques sont toujours en mouvement. Elles changent et maintiennent l'équilibre en permanence. Nos os et notre peau, bien qu'ils soient solides, sont constitués d'éléments mobiles, les atomes. Un objet comme une fenêtre, apparemment immobile, est constamment en mouvement mais celui-ci est si lent que nos yeux ne le perçoivent pas. Nos mondes (au pluriel pour représenter la totalité de nos cultures, sociétés et paysages urbains ou ruraux) sont continuellement en mouvement, qu'il s'agisse du vent qui soulève les feuilles dans un parc ou des voitures et des vélos qui circulent dans une rue. Et quand vous parlez à un ami, votre voix génère du mouvement, une onde acoustique concrète que l'on peut enregistrer grâce au mouvement qu'elle génère sur des objets proches.[8]

Et si le mouvement était un outil ? Et si le fait de créer du mouvement était une façon de garder la main sur une situation ? Et si rester en mouvement était l'une des composantes du self-leadership ?

Astuce et entrainement, Nage 20

Astuce ! Tout est basé sur le mouvement et le mouvement est partout. Dans notre processus de développement du self-leadership, nous allons prendre l'habitude de le maintenir et de l'encourager.

Entrainement ! Tout d'abord, intéressons-nous à la création de mouvements physiques. Dans les jours à venir, remarquez à quelles occasions vous faites un mouvement physique. Remarquez comment vous vous y prenez, comment votre esprit réagit quand vous vous concentrez sur le mouvement physique. Ensuite, entrainez-vous à prendre votre posture par défaut (Nage 16). Remarquez combien cette posture par défaut repose sur de petits mouvements servant à conserver stabilité et force. Alors que vous restez immobile, remarquez comme chaque muscle réalise en réalité un micromouvement.

Nage 21 : Faites équipe avec vous-même

Il se passe souvent plus de choses dans les coulisses qu'on ne l'imagine. Et le 31 août 2013, lorsque Diana Nyad débute une traversée à la nage de 100 miles (c'est à présent un record mondial), c'est une équipe de 35 personnes qui travaille autour d'elle dans les coulisses. Sans eux, elle aurait échoué. Lorsque Mike Horn est parti en solitaire vers le pôle Sud, l'équipe qui l'entourait était plus restreinte mais il y avait tout de même des gens pour le soutenir bien avant qu'il ne commence son expédition.

Savoir trouver des soutiens est un talent fabuleux. La première étape dans l'acquisition de cette compétence consiste à reconnaitre qu'il y a près de nous un partenaire clé que nous apprécions rarement à sa juste valeur. Ce partenaire spécial nous accompagne à chaque instant de notre vie, dans les bons et les mauvais moments. Nous ne sommes pas toujours d'accord avec cette personne et pourtant, nous devons reconnaître qu'elle a toujours été à nos côtés. Si vous n'avez pas deviné de qui je parle, tournez-vous vers un miroir et regardez.

C'est nous-mêmes. Notre *moi* nous accompagne depuis toujours, chaque jour de notre vie. Il est temps de le reconnaître et de faire équipe. Commençons par oublier les phrases comme : « Luttez contre vous-même », « Dans la pièce, votre seul ennemi, c'est vous », « Vous n'avez qu'un adversaire à vaincre : vous-même. » Pourquoi ? Pour une raison très simple : quand il y a un gagnant, il y a un perdant. Quelle que soit votre façon de voir les choses, dès que vous gagnez contre vous-même, vous perdez également. C'est une part de vous qui perd, d'où l'importance de faire équipe avec vous-même afin que chaque aspect de votre *moi* puisse gagner.

Astuce et entrainement, Nage 21

Astuce ! Même si vous ne vous en rendez pas encore compte, vous avez été toujours été là pour vous-même, et cela chaque jour de votre vie. Il est temps d'apprendre à faire équipe avec vous-même et de devenir l'un de vos meilleurs collaborateurs.

Entrainement ! L'idée de devenir votre meilleur collaborateur vous déconcerte peut-être un peu. Commençons par quelque chose de simple. Chaque jour, soyez à l'écoute des mots que vous utilisez en parlant de vous-même et en vous parlant à vous-même. Notez-les dans votre carnet. Relevez les mots ou expressions qui reviennent.

Natation supplémentaire pour les plus motivés

Entrainement supplémentaire Nage 15, La respiration et son lien avec le corps – Avec la Nage 5, nous avons exercé quatre types de respiration en nous concentrant sur notre façon d'inspirer et d'expirer, par la bouche ou le nez. À présent, concentrons-nous sur la respiration et son lien avec le corps. Placez une main sur votre poitrine et l'autre sur votre ventre :

→ Pendant l'inspiration, concentrez-vous sur votre ventre qui repousse votre main. Elle suit le rythme que vous créez. La main sur votre poitrine ne devrait pas bouger. Comptez pendant combien de secondes vous inspirez.

→ En gardant le ventre et la main posée dessus immobiles, inspirez en faisant bouger la main posée sur votre poitrine de haut en bas. Ce rythme sera probablement plus court et le volume d'air inspiré plus petit. Comptez pendant combien de secondes vous inspirez puis essayez d'arriver à la même durée qu'en respirant avec le ventre. Vous sentirez peut-être la mobilisation des muscles de votre dos en réponse à l'ouverture de votre cage thoracique.

→ Maintenant faites bouger vos deux mains, d'abord celle posée sur votre ventre puis celle sur votre poitrine. Répétez plusieurs fois pour créer un mouvement de vague. Puis inversez : la main posée sur la poitrine bouge d'abord puis c'est celle qui est sur votre ventre.

Ces exercices respiratoires nous entrainent à la *respiration contrôlée*, ou contrôler sa respiration pour provoquer un changement physiologique.

Entrainement supplémentaire Nage 16, La posture par défaut – Prenez votre posture par défaut en utilisant les cinq étapes de la Nage 16. Vous êtes debout, libre de tensions, les deux pieds bien à plat et écartés de la largeur de vos hanches, les bras le long du corps, la poitrine redressée.

→ Testez maintenant ce qui se passe quand vous bougez le poids de votre corps du bout de vos orteils à l'arrière de vos talons. Remarquez quels muscles sont mobilisés pour garder l'équilibre en fonction de l'endroit où repose le poids de votre corps. Replacez le poids de votre corps au centre, au-dessus de vos hanches et de votre plante des pieds.

→ Puis concentrez-vous sur cette sensation d'équilibre tout en restant debout, à la fois détendu et dynamique. Quelle image vous vient à l'esprit ? Notez cette information dans votre carnet. Inscrivez aussi précisément que possible le moindre détail qui vous vient à l'esprit.

Un moment de réflexion dans l'aquarium

Nous venons de terminer sept Nages de plus, et pas n'importe lesquelles. Ce sont les sept Nages de notre kit de survie et premiers secours. Prenons un petit temps de réflexion avec ces trois questions simples :

1) Quelles sont les sept Nages de mon kit de survie ?

2) Quels sont les entrainements que je pratique chaque jour ?

3) Quels sont les Nages que je souhaiterais approfondir ?

Félicitations!

Vous venez d'atteindre le niveau 1 du self-leadership

*Vous savez que vous avez une capacité innée au self-leadership.
Vous avez réfuté sept mythes, améliorant votre aptitude au self-leadership.
Vous possédez un kit de survie et avec lui, sept habitudes de self-leadership.*

4, Sept points de vue sur le soi

Nous ne voyons pas les choses telles qu'elles sont ; nous les voyons telles que nous sommes.

– Anaïs Nin

De poisson à poisson

Reprenons notre définition du self-leadership.

Le self-leadership, c'est le fait d'avoir acquis un sens aigu de notre identité, de nos compétences et de la direction à prendre, associé à la capacité d'influer sur notre communication, nos émotions et nos comportements tout au long du chemin.

C'est une longue phrase bourrée d'informations et de potentiel. Elle contient quelques points de départ à explorer : *notre identité, nos compétences, la direction à prendre*. Et puis il y a aussi le mot *capacité*, ce qui signifie que nous devrions pouvoir lier le self-leadership au développement de nos talents et compétences. Enfin, nous présentons l'idée selon laquelle tout va passer par *la communication, les émotions et les comportements*. Pour pouvoir aller où nous voulons, il nous suffit de savoir influer sur ces trois éléments.

Les sept habitudes de notre kit de survie sont les premiers outils dont nous disposons pour influer sur nos émotions et nos comportements. Quand on veut influer sur quelque chose ou quelqu'un, on commence généralement par identifier l'aspect particulier que l'on souhaite influencer. Avec notre kit de survie, l'objectif est très clair : c'est *rester cool* - d'où les entrainements sur la respiration et la détente. En restant cool, nous nous entrainons à éviter les réactions automatiques, ce qui nous permet de prendre du recul et de choisir comment réagir à une situation. Il s'agit d'utiliser *la pensée critique* par opposition aux *réactions automatiques*.

C'est ainsi que nous influons sur nos comportements : en prenant du recul et en choisissant notre réaction. Nous pouvons déjà le faire avec notre kit de survie. Renforçons maintenant cette capacité. Pour cela, nous devons mieux comprendre l'aquarium dans lequel nous vivons, et en particulier nos interactions avec le système *moi-autres-environnement* (Nage 10).

Concernant les systèmes, on trouve un enseignement intéressant dans le champ de la cybernétique sous la forme de la loi d'Ashby ou « Loi de la variété requise ». Elle dit ceci :

> *« À l'intérieur d'un système, la variable dont le comportement est le plus souple contrôlera l'état interne du système, lequel devrait toujours être le plus proche possible de l'état souhaité. »*

Transposons cette phrase à notre monde. Nous, les êtres humains, sommes une variable au sein du système moi-autres-environnement. Et d'une façon ou d'une autre, nous devons contrôler ce système. A minima, nous voulons que ce système nous aide à aller *là où nous voulons aller*, ce qui pourrait s'apparenter à « l'état souhaité ». Pour influer sur le système moi-autres-environnement, il est donc nécessaire que nous soyons la variable dont le comportement est le plus souple.

Sympa ! N'est-ce pas ?

Et c'est pourquoi l'une des forces du self-leadership est le développement de la flexibilité. Bien entendu, nous devons nous faire une idée des types de flexibilité dont nous disposons et du type de variable que nous sommes vraiment.

Que dites-vous alors d'explorer sept points de vue sur l'idée de soi ?

Nous pourrions envisager cela comme sept points de vue sur la façon de bâtir cette notion de soi. Cela va nous permettre d'explorer les faits derrière le soi, ou le « self ».

C'est un sujet complexe. Pour moi, le soi est quelque chose de dynamique qui n'est ni blanc ni noir et qui ressemble plutôt à un système en lui-même. Un système au sein d'un système, et toujours en mouvement, un peu comme une rivière. Quand vous regardez une rivière du haut d'un pont, vous voyez une rivière. Elle a un nom, un lit et un tracé. En même temps, vous savez que l'eau qui passe sous vos pieds à cet instant précis n'est pas exactement la même qu'il y a 5 ou 10 minutes et qu'elle sera encore différente dans 5 ou 10 minutes. Ce n'est plus exactement la même rivière bien que ce soit toujours la même rivière.

Bienvenue dans le monde du soi, le monde du « self ».

Nage 22 : Le soi et l'expérience

Comment éprouvons-nous le monde qui nous entoure ?

Comment lui donnons-nous du sens ?

Ces questions ont l'air identiques mais elles ne le sont pas. La première concerne l'expérience, l'information réelle sur ce qui s'est passé. La seconde concerne l'interprétation, la version personnalisée de l'expérience.

Si vous deviez décrire ce que vous êtes en train de vivre actuellement en détaillant la pièce où vous vous trouvez, vous allez probablement débuter par ce que vous voyez, entendez, sentez et percevez par le toucher et peut-être le goût. Vous utiliserez l'information recueillie par vos cinq sens[9]. À chaque instant, vos sens reçoivent une énorme quantité d'informations. On l'estime à environ 11 millions d'éléments individuels par seconde[10]. 11 millions ! Et nous n'en traitons activement que 0,1% environ[11] ! Notre cerveau est spécialement conçu pour faire cette sélection massive en utilisant des processus de filtrage (la suppression, la distorsion et la généralisation), ne laissant à notre disposition que les 0,1% qu'il considère adéquats. Étant donné que nous appréhendons le monde par l'intermédiaire de l'information que nous enregistrons et analysons, ce que nous appréhendons n'est qu'un sous-ensemble de notre expérience réelle bâti à partir d'informations partielles. Comment savoir si ces informations partielles correspondent à ce dont nous avons besoin ? Pour répondre à cette question, il nous faut retrouver les informations manquantes. Pour cela, nous démontons notre processus de filtrage en faisant de la collecte d'informations factuelles (les faits). Et cela commence par des observations.

Astuce et entrainement, Nage 22

Astuce ! L'enregistrement de nos expériences se fait à partir d'informations partielles, filtrées ou déformées. La mise en œuvre du self-leadership nécessite de retrouver les informations manquantes et de revisiter le contenu de nos expériences.

Entrainement ! Jouons au jeu « Comparons nos expériences ». Invitez des amis ou des membres de votre famille à diner, et lors de ce diner, évoquez un souvenir commun. Demandez à chaque personne de raconter sa version de l'événement, et remarquez combien chacune diffère des autres, en fonction du point de vue adopté d'une personne à l'autre.

Nage 23 : Le soi et les faits

Dans les histoires que nous bâtissons autour de nous, faits et interprétations sont les deux côtés d'une même médaille. Les faits appartiennent au *soi expérientiel* (le *moi* qui vit l'expérience) tandis que les interprétations appartiennent au *soi mémoriel*[12] (le *moi* qui garde les souvenirs). Lorsque nous laissons le *soi mémoriel* prendre le dessus, nous perdons le contact avec les faits, et risquons de mal trier nos expériences transformant parfois des interprétations en faits.

Comment alors relier le *soi expérientiel* et les faits ? D'abord, on fait une pause. Pour retrouver les informations manquantes, il faut arrêter le filtrage automatique de notre cerveau afin de le démonter. Une fois notre cerveau sur pause, nous lui donnons alors une tâche directe à accomplir : nous lui ordonnons de chercher des informations factuelles et inattendues. En prouvant à notre cerveau que la situation est plus riche qu'il ne s'y attend, nous pourrons déjouer notre filtrage automatique.

Quels outils utilise-t-on? L'observation, l'observation et l'observation. Nous ajoutons aussi un questionnement actif. Exemple : « Qu'est-ce que je ne vois pas et que je devrais voir ? », « Y a-t-il plus à voir que ce que j'ai déjà vu ? », etc.

Astuce et entrainement, Nage 23

Astuce ! Les faits et les interprétations sont les deux côtés d'une même médaille. Prenez un instant pour les séparer. Pour avoir de la visibilité sur une situation complète, revenez toujours aux faits.

Entrainement ! Votre *soi expérientiel* et votre *soi mémoriel* parlent-ils le même langage? Votre *soi mémoriel* prend-il le dessus parfois ? Essayons de le découvrir. Chaque jour de la semaine à venir, dans autant de situations que possible, concentrez-vous de façon particulière sur votre *soi expérientiel*. Observez très soigneusement par vos cinq sens. Si la situation est compliquée, attachez-vous à recueillir des informations factuelles sur ce qui se passe dans l'instant. Lorsque vous évaluez une situation, r a l e n t i s s e z - l a délibérément, et, avant de faire le moindre commentaire, v é r i f i e z que toutes les informations reposent sur des faits. À la fin de la semaine, notez comment votre semaine s'est passée. A-t-elle été bonne ? Ici aussi, utilisez uniquement des informations factuelles pour en faire le compte-rendu.

Nage 24 : Le soi et les actions

« Car nous nous sommes tout simplement trompés nous-mêmes sur toute la ligne. Nous avons envisagé la vie par analogie avec un voyage, un pèlerinage avec un but sérieux à atteindre à la fin. Il s'agissait d'arriver au bout, au succès, appelons-le comme on veut. En fait, nous n'avions rien compris du tout. C'était une comédie musicale et nous étions censés chanter ou danser pendant que la musique jouait. » – Allan Watts[13]

La vie est un music-hall. Quelle métaphore étonnante ! Un music-hall où les histoires interagissent et où les acteurs chantent, dansent, bondissent ou se reposent sur des bancs. Nous sommes tous acteurs, avec un rôle à jouer Et si notre être – notre soi – était lié à ce que nous pouvons ou voulons faire ?

Si vous n'avez pas encore fait l'entrainement supplémentaire de la page 39 sur la Nage 10, c'est le moment. Étape 1 : Écrivez une phrase commençant par « Je suis ». Étape 2 : Réécrivez chaque phrase en les transformant en actions. Exemples :

« Je suis conférencier » devient « Je donne des conférences ».
                                     ou   « Je pratique la prise de parole en public ».
« Je suis une tante »   devient « Je consacre du temps à ma famille. »
« Je suis logique »   devient « Je traite les informations avec logique. »
« Je suis exubérant »   devient « J'expériences la vie avec exubérance. »

Que fait-on ici ? Nous prenons un élément vague lié à une notion d'identité (« Je suis... ») et nous en extrayons une information précise. Non seulement nous retrouvons ainsi des informations manquantes mais nous identifions aussi des compétences à développer et des tâches à accomplir.

Astuce et entrainement, Nage 24

Astuce ! La phrase « Je suis XYZ » peut le plus souvent être réécrite sous la forme « Je pratique XYZ » ou « Je XYZ ». On déplace ainsi le regard de l'identité à la capacité, ce qui permet d'identifier des compétences à améliorer ou des tâches à accomplir, et donc grandir et se développer.

Entrainement ! Facile : Réalisez les étapes 1 et 2 ci-dessus lentement et méticuleusement. Ensuite : Reprenez vos notes d'entrainement de la Nage 21. Quand c'est possible, réécrivez les phrases que vous aviez notées comme dans l'étape 2 ci-dessous.

Nage 25 : Le soi et l'humeur

Nous sommes dimanche matin, il est sept heures. En entendant votre réveil, vous vous tournez, vous vous étirez, vous baillez puis vous vous asseyez dans votre lit. Peut-être souriez-vous. Vos pieds touchent le sol, vous vous levez et vous êtes d'une certaine humeur.

Nous sommes lundi matin, il est sept heures. En entendant votre réveil, vous vous tournez, vous vous étirez, vous baillez puis vous vous asseyez dans votre lit. Vos pieds touchent le sol, vous vous levez d'une certaine humeur, et fort probablement d'une humeur différente de celle de la veille.

En psychologie, une humeur est définie comme un état émotionnel mais pas de façon très spécifique. Il semblerait qu'une humeur associe différents états psychologiques et émotionnels à un instant t. Une humeur peut donc varier d'un moment ou d'un contexte a un autre. Nous avons souvent l'impression d'avoir une humeur dominante. Et pourtant, cette humeur fluctue en fonction de nos activités et expériences. En vacances, notre humeur a tendance à être détendue. Lorsque nous traversons une période difficile, notre humeur peut s'assombrir. Quand nous sommes malades, notre humeur change sous l'influence de l'état de santé de notre corps. Quand nous sommes en pleine forme, la robustesse de notre corps renforce notre humeur. Les humeurs semblent donc étroitement liées à nos *états d'esprit*. Et si je pouvais influer sur mon humeur ? Si je pouvais même la choisir ? Je vois bien que cela aurait un impact sur mes actions. Pour cela, commençons par découvrir ce que sont les *états d'esprit*.

Astuce et entrainement, Nage 25

Astuce ! À chaque instant, nous sommes d'une certaine humeur. Cette humeur résulte d'un *état d'esprit* qui affecte la façon dont nous vivons les situations. En influant sur notre état d'esprit, nous influons sur la façon dont nous vivons notre quotidien et ultérieurement sur nos actions.

Entrainement ! La première étape consiste à découvrir notre état d'esprit naturel ou spontané. Tout au long de la journée, soyez attentif à votre humeur. Remarquez de quelle humeur vous êtes le matin, au travail, le soir. Soyez attentif aux moments où votre humeur change. Si elle change, évaluez ce qui a changé en même temps (recueillez bien des informations factuelles). Notez dans votre carnet l'humeur que vous avez identifiée et donnez-lui un nom.

Nage 26 : Le soi et la physiologie

C'est étonnant de penser que nous ne sommes qu'une collection de processus neuronaux. Nous avons un corps qui se meut grâce à des muscles activés par des signaux envoyés par des neurones. Il en va de même pour notre cerveau. Prenez un souvenir. Nous voyons ce souvenir comme une image dans notre cerveau. Mais pour que notre cerveau nous montre cette image, il faut qu'il décharge avec grande précision une série de signaux électrochimiques et qu'il renvoie l'image à chaque fois. Le cerveau est le bureau de poste, les neurones sont le facteur.

Un neurone typique, également appelé cellule nerveuse, est constitué d'un soma, de dendrites et d'un axone. Un neurone reçoit, traite et transmet l'information par l'intermédiaire de signaux électriques et chimiques. L'action d'envoyer ce message est appelée « processus neuronal ». Les neurones sont donc comparables à un facteur spécialisé dans la livraison aussi rapide que possible de messages. Pour cela, ils utilisent des agents chimiques appelés hormones : l'adrénaline, l'ocytocine, la dopamine, etc. Si vous gardez un crayon en bouche pendant quelques minutes par exemple, vos muscles faciaux sont contraints de faire un sourire authentique et votre corps produit de l'ocytocine[14]. Puis cette hormone passe dans votre sang et toute la physiologie de votre corps se modifie. Bientôt, votre esprit ne voit plus la différence entre le vrai et le faux et vous vous mettez à sourire authentiquement. Un changement dans votre corps provoque un changement de votre physiologie puis de votre état d'esprit.

Astuce et entrainement, Nage 26

Astuce ! Tout ce que nous faisons n'est possible que grâce aux processus neuronaux. Ils associent des processus électriques et physiologiques. Par conséquent, notre physiologie peut influer sur nos actions.

Entrainement ! Lorsque nous faisons usage de notre kit de survie, nous utilisons en réalité notre corps pour modifier notre physiologie en adoptant notre posture par défaut ou en pratiquant une respiration contrôlée. Allons alors un peu plus loin. Observons le lien entre nourriture et état d'esprit. Que se passe-t-il quand vous manquez de nourriture ? Quand vous mangez trop ? Quand vous arrêtez de consommer du sucre pendant deux ou trois jours ? Observez et notez les changements ressentis. Si possible, concentrez-vous sur le sucre et allongez la période sans sucre jusqu'à sept jours.

Nage 27 : Le soi et la notion de congruence

Le mot « congruence » vient du latin *congruentia* qui signifie accord, harmonie, convergence. Quand on l'applique aux êtres humains, on parle de congruence au niveau de la personne. Une personne agit de façon congruente quand toutes ses actions, ses émotions, ses états d'esprit ou ses pensées sont orientés dans la même direction. C'est comme si tout ce qui composait l'univers de cette personne devenait cohérent et intriqué. Cela donne effectivement l'impression que tout *converge*.

Mais alors, que signifie « agir de façon congruente » ?

Demandez aux gens qui sont en train de vivre une dépression quel genre de musique ils voudraient écouter pour se sentir mieux. Ils vous répondront qu'ils souhaitent une musique « joyeuse », « gaie ». Demandez-leur alors de choisir eux-mêmes un morceau de musique. Ils choisiront des musiques tristes. Dans leur état d'esprit actuel, qui est sombre, il leur est presque impossible de sélectionner une musique gaie. Le choix d'une musique triste est le seul acte congruent qu'ils puissent imaginer. Pour choisir une chanson gaie, il leur faudrait accepter de ne pas être congruents, et de choisir une action qui ne corresponde pas à leurs pensées.

La congruence est positive quand elle nous aide et nous permet d'élargir notre éventail de choix. Dans le cas contraire, nous devons apprendre à accepter de ne pas être congruents pour nous ouvrir à des choix qui « sortent des sentiers battus ». Admettre cette possible divergence dans nos pensées et accepter cette perturbation mentale fait partie du self-leadership !

Astuce et entrainement, Nage 27

Astuce ! La congruence, c'est l'idée que tout converge. Nous employons le mot « congruence » (ou « consonance cognitive ») par opposition à la « non-congruence » (ou « dissonance cognitive »). En veillant aux informations contradictoires que nous nous donnons à nous-mêmes, nous pouvons identifier d'éventuels problèmes de congruence.

Entrainement ! Soyez attentif à votre humeur, c'est-à-dire à votre état d'esprit. En même temps, écoutez votre dialogue intérieur, la façon dont vous vous parlez à vous-même. Enfin, notez vos actions et identifiez les signes de congruence (ou leur absence). Demandez-vous « est-ce que tout dans mon comportement va dans la même direction ? »

Nage 28 : Le soi et les comportements

Nous avons tous un jour pris une décision que nous avons regrettée. Quelques minutes ou quelques heures à peine après l'avoir prise, nous avons vu que ce n'était plus le meilleur choix possible. Et souvent, nous avons commencé à nous plaindre et à nous traiter de tous les noms : « Encore ! », « Imbécile ! », « On dirait que tu le fais exprès », etc.

Et si nous le faisions réellement exprès ? Et si nous avions une bonne raison de prendre cette décision et de choisir ce comportement ?

Je suis sûre que vous avez entendu parler de l'instinct de survie. Aussi bien les gens ordinaires que les chercheurs s'étonnent toujours de voir combien nous pouvons nous surpasser, dépasser les limites au nom de la *survie*. Avec un instinct aussi fort, comment pouvons-nous faire des choix qui ne sont pas dans notre intérêt ? Comment pouvons-nous choisir un comportement sans la conviction qu'il renferme une intention positive pour nous ? Voici un exemple banal : on vous demande de parler en public. Bien que l'idée vous plaise et que vous sachiez que ce serait bon pour vos affaires, vous prenez peur et refusez. Bien sûr, votre décision ne vous satisfait pas. Néanmoins, vous l'avez prise, certainement pour vous protéger et éviter d'avoir à affronter votre trac, etc.

Comment trouver alors cette intention positive qui se cache derrière toute décision ? Demandez-vous simplement : « Quelle est l'intention positive derrière cette décision ? » C'est extrêmement puissant. Quand nous sachons l'intention positive cachée derrière nos comportements, nous pouvons faire équipe avec nous-mêmes (Nage 21) pour identifier un comportement différent, plus adapté et qui accomplisse cependant la même intention.

Astuce et entrainement, Nage 28

Astuce ! Chacun de nos comportements renferme une intention positive pour nous, le poisson en train de nager dans l'aquarium.

Entrainement ! Chaque jour pendant au moins sept jours, identifiez l'intention positive cachée derrière vos actions ou comportements. Demandez-vous simplement : « Quelle est l'intention positive pour moi derrière ce comportement ? » Répétez cette question jusqu'à ce que votre réponse ait le pronom « je » comme sujet, soit écrite au présent et soit une phrase affirmative.

Natation supplémentaire pour les plus motivés

Entrainement supplémentaire Nage 22, Le soi et l'expérience – Reprenons la notion d'être *le patron*. Le concept vous surprend peut-être. Cependant, c'est une réalité bien plus souvent qu'on ne le croit.

Tout au long de votre journée, appliquez-vous à identifier des situations où vous faites preuve d'*auto-détermination* ou d'*auto-décision* (vous décidez pour ou par vous-mêmes). Exemple : le fait de vous lever le matin constitue l'une de ces situations (non, ce n'est pas votre réveil qui vous pousse hors du lit) ; vous brosser les dents en est une autre ; boire une tasse de café en est une troisième.

À ce stade de développement de votre self-leadership, vous avez peut-être l'impression que ces actions comptent peu. C'est une remarque pertinente mais ce n'est pas l'essentiel. L'essentiel pour vous est de prendre totalement conscience de votre capacité à être *le patron*, même si vous ne l'appliquez pas encore aux bonnes situations, comme à l'élargissement de votre éventail de choix. Quand vous vous sentez prêt, accélérez les choses un petit peu. Prenez en compte les actions qui sont un peu plus importantes pour vous et voyez comment vous pouvez décider d'être davantage *le patron*.

Entrainement supplémentaire Nage 26, Le soi et la physiologie – Devenons vraiment compétents en cohérence cardiaque. La cohérence cardiaque est la création d'une variabilité de la fréquence cardiaque (VFC) rythmique qui équilibre notre système nerveux. Cela crée une meilleure connexion au sein du cerveau et entre le cœur et le cerveau, nous éclaircissant les idées et augmentant notre concentration. Pour plus d'information à ce sujet, voyez le *Heartmath Institute* aux États-Unis.

La création de cette VFC cohérente est très simple : inspirez et expirez sur des cycles de 12 secondes, en veillant à ce que les durées d'inspiration et d'expiration soient aussi égales que possible (environ six secondes). Le plus simple, c'est de compter dans votre tête. Vous pouvez également suivre une petite vidéo sur YouTube (cherchez *cohérence cardiaque*). Continuez pendant deux à quatre minutes. Au début, faites cet exercice assis ou au repos. Puis entrainez-vous en marchant ou en conduisant. Ensuite faites-le en réunion, pendant des séances de brainstorming, en faisant des courses, etc. Prenez-en l'habitude, en particulier quand vous manquez d'énergie.

Un moment de réflexion dans l'aquarium

Vous avez terminé sept Nages de plus et pris l'habitude de faire vos entrainements quotidiennement. Voici notre quatrième temps de prise de recul avec trois questions simples :

1) Mes Nages préférées dans ce chapitre :

2) Les entrainements que je préfère et que je pratique chaque jour :

3) Écrivez tout ce qui vous vient à l'esprit quand vous lisez la question suivante : Si je devais décrire le *soi*, ce serait quoi ?

5, Sept éléments concernant les émotions

> Il est fondamental de comprendre que l'intelligence émotionnelle n'est pas le contraire de l'intelligence, ce n'est pas le triomphe du cœur sur la tête - c'est l'intersection unique entre les deux.
>
> – David Caruso

De poisson à poisson

Comme nous l'avons découvert dans le chapitre précédent, le *soi* est comme une rivière. C'est un système dynamique, ni transparent, ni noir, toujours en mouvement. Et sur cette rivière, les émotions flottent et dérivent, créant confusion, curiosité, excitation, surprise, peur, joie, détermination, engagement...

Au fait, qu'est-ce qu'une émotion ?

→ Pourquoi en éprouvons-nous ?
→ Qu'en savons-nous ?
→ Qu'est-ce que l'intelligence émotionnelle ?
→ Tout le monde peut-il avoir une intelligence émotionnelle ?
→ Quel est le lien entre émotions et cette conception dynamique du soi ?
→ Sommes-nous des êtres émotionnels ?

En voilà des questions intéressantes, n'est-ce pas ?

Faites votre sac, prenez à manger et à boire et préparez-vous à partir en voyage. Il est temps de commencer à nager dans cette rivière, de partir en quête de sept éléments : les sept premiers savoirs sur le monde des émotions.

Nage 29 : Sept émotions de base

Depuis la Nage 19, nous savons que les émotions nous poussent à agir. La peur peut nous pousser à nous battre, la tristesse à nous cacher, etc.

De nos jours, il paraît évident de considérer que les émotions sont communes à tous les êtres humains. Cependant, jusqu'aux années 1970, on pensait que c'était une idée absurde, que les émotions dépendaient des sociétés et des cultures. En réalité, on confondait la capacité à ressentir une émotion avec la convention culturelle à l'exprimer. On a changé de point de vue avec le travail du Dr Paul Ekman[15]. En étudiant plusieurs tribus isolées, d'Asie aux Amériques, il a établi l'existence de sept émotions de base qui sont reconnues par n'importe qui, quelle que soit sa culture.

Joie, tristesse, peur, dégoût, colère, mépris et surprise.[16]

Chacune de ces émotions est associée à des expressions faciales caractéristiques. Un marqueur facial de la joie est un sourire authentique ou « sourire en D » qui mobilise 26 muscles alors que le froncement de sourcils, marqueur facial de la colère, va mobiliser 62 muscles. Des émotions dérivées vont ensuite découler de ces sept émotions. La joie est ainsi lié au bonheur, l'amusement, le soulagement, la paix, l'excitation, etc.

Bien que les sept émotions de base soient universelles, les émotions dérivées peuvent être liées à un contexte ou à une culture. Exemples : le mot *Schadenfreude* qui n'existe qu'en allemand et exprime un certain plaisir que l'on éprouve en étant témoin de l'échec et de l'humiliation d'autrui ; la culpabilité qui est en général associé à la culture chrétienne.

Astuce et entrainement, Nage 29

Astuce ! Il y a sept émotions de base : la joie, la tristesse, la peur, le dégoût, la colère, le mépris et la surprise. Et chacune de ces émotions est associée à des expressions faciales. L'observation attentive du visage d'autrui nous donne des informations factuelles sur ses émotions.

Entrainement ! Faites une liste de toutes les émotions qui vous sont familières. Si besoin est, visitez Wikipedia pour une nomenclature. Les jours suivants, prenez le temps d'être attentif aux émotions que vous ressentez. Notez alors les informations factuelles du moment : sensations corporelles, contexte, vos pensées, ce que vous voyez, etc.

Nage 30 : Deux étapes pour un nom

Nous éprouvons le monde qui nous entoure par l'intermédiaire de nos cinq sens (Nage 22). Ces derniers sont activés par des déclencheurs : des événements externes ou internes. Un déclencheur interne est par exemple une chose à laquelle je pense. Un déclencheur externe peut être n'importe quoi autour de moi : un changement de température, un son, une image, etc.

L'émotion, étant une manifestation de la façon dont nous éprouvons le monde, suit le même mécanisme, et peut être activée par des déclencheurs internes ou externes. Le fait de voir une voiture se diriger vers vous à pleine vitesse alors que vous traversez la rue provoquera de la peur en vous. Cependant, vous ne la nommerez pas immédiatement. D'abord votre corps produira des réactions : une variation de votre rythme cardiaque, de votre tension artérielle, de votre tension musculaire, de vos ondes cérébrales, etc. En même temps, il produira des hormones qui activeront des processus neuronaux. Tandis que tout cela se déroule en arrière-plan, vous bondissiez sur le trottoir. Ce n'est qu'alors que votre esprit va réaliser que vous venez d'éprouver une émotion qui est la peur.

Le vécu d'une émotion comporte ainsi deux étapes. Il faut aussi deux étapes pour apprendre à identifier ou à reconnaître cette émotion :

1. Reconnaissez sa présence en vous concentrant sur des informations factuelles : rythme cardiaque, tension musculaire, transpiration, etc.
2. Puis, nommez ou étiquetez cette émotion. On parle aussi de sentiment.

Chronologiquement, ces deux étapes sont très proches, et on accomplit souvent l'étape 2 sans même se rendre compte qu'on est passé par l'étape 1.

Astuce et entrainement, Nage 30

Astuce ! Une émotion se manifeste en premier par des réponses corporelles. Le monitoring de nos réponses corporelles nous aide donc à identifier nos émotions. En liant cela avec l'observation du système moi-autres-environnement nous pouvons découvrir nos déclencheurs d'émotions.

Entrainement ! Revenons à l'exercice de la Nage 29, et la liste des émotions que vous avez ressenties dernièrement. Reprenez chaque émotion, et maintenant, prenez le de temps pour séparer les étapes 1 et 2 ci-dessus. Faites cette analyse de façon active, habituant ainsi votre cerveau à prêter attention aux informations factuelles liées aux émotions.

Nage 31 : Une émotion, plusieurs sentiments

Et si cette étape 2 de la Nage 30 où nous nommons ou étiquetons l'émotion, cette étape d'identification des sentiments, était plus qu'une seule étape ?

1884. Deux savants, William James et Carl Lange, émettent une hypothèse intéressante connue aujourd'hui sous le nom de théorie James-Lange.

> « Et si le stade du sentiment, de l'expérience consciente d'une émotion, était atteint après que le cortex a reçu les signaux de changement de notre état physiologique ? Et si nous pouvions dénouer le lien entre émotion, sentiment et humeur ? »

L'émotion devient alors la réponse physiologique que nous éprouvons. Elle se produit au niveau du corps, de manière purement physique provoquant des réactions corporelles immédiates. Le sentiment devient lui un sous-produit de l'émotion. C'est la façon dont nous choisissons de répondre à l'émotion en fonction de l'interprétation qui émerge dans notre cerveau. Nos sentiments peuvent alors être affectés par notre culture, nos expériences, notre éducation, etc. Comme le dit le Dr Damasio[17] : « Les sentiments sont des expériences mentales correspondant à des états corporels qui surgissent quand le cerveau interprète des émotions. Ces dernières sont elles-mêmes des états physiques provoqués par des réponses du corps à des stimuli extérieurs. (Voici l'ordre d'apparition de ces événements : On me menace, j'éprouve de la peur et je ressens de l'horreur.) »

Et donc, une émotion peut ainsi être liée à plusieurs sentiments différents[18].

Astuce et entrainement, Nage 31

Astuce ! L'émotion est une réponse physiologique que nous ressentons alors que le sentiment est la façon dont nous répondons à l'émotion. Notre vécu de l'émotion est donc subjectif et peut être modifié.

Entrainement ! Reprenons les informations que vous avez consignées aux Nages 29 et 30. Pour chaque émotion ou sentiment que vous avez noté :
1. Identifiez ce qui est véritablement lié à l'émotion. Concentrez-vous sur les informations factuelles liées aux réactions corporelles.
2. Identifiez ensuite ce qui est lié au sentiment. Pensez interprétation.

Par exemple, vous avez l'estomac noué. En fonction du contexte, vous allez penser excitation ou stress.

Nage 32 : Émotions, humeur et physiologie

En nous appuyant sur la Nage 25, nous pouvons envisager une humeur comme un ensemble d'états d'esprit, ou *un état d'esprit* désigne ce que nous avons à l'esprit à un moment précis. Chaque état d'esprit est alors lié à un état émotionnel, ou ce qui se passe dans notre corps à cet instant t. En même temps une humeur peut être associée à plusieurs émotions: quand nous sommes de bonne humeur, nous ressentons de la joie, de la curiosité, etc.

Et avec cette double connexion vient une série de questions. Pouvons-nous influer sur notre physiologie avec notre humer ? Ou inversement, utiliser notre physiologie pour influer sur notre humeur ? Peut-on parler d'un système *humeur-états d'esprit-émotions-physiologie* ? Et le changement d'un élément dans le système pourrait alors influencer le système entier.

Les émotions sont des réponses physiologiques programmées de notre système et activées par des voies neuronales. Quand notre corps est blessé, que nous ne pouvons pas activer la voie neuronale, nous ne pouvons pas ressentir d'émotions. Notre physiologie a donc un impact direct sur le système *humeur-états d'esprit-émotions-physiologie*. Quand vous êtes de mauvaise humeur et que vous passez la journée sur votre canapé, vous nourrissant de cochonneries en limitant votre apport en oxygène à ne pas bouger. Là encore, vous avez une influence sur votre physiologie, et avec un impact direct sur le système *humeur-états d'esprit-émotions-physiologie*. Avec cette Nage, nous renforçons notre connexion esprit et corps.

Astuce et entrainement, Nage 32

Astuce ! L'ensemble humeur-états d'esprit-émotions-physiologie forme un système. La modification d'un élément à l'intérieur de ce système influe sur le système dans son ensemble.

Entrainement ! Observons comment notre système humeur-états d'esprit-émotions-physiologie réagit à deux éléments simples : la météo et les gens qui nous entourent. Nous explorons un peu plus les Nages 12 et 26.

D'abord la météo. Comment vivez-vous les saisons ? Les variations entre temps chaud et froid ? Qu'en dit votre physiologie ? Maintenant, les gens qui vous entourent ? Leur humeur influe-t-elle sur la vôtre ? Quels autres facteurs peuvent influer sur votre humeur ? Prenez le temps de noter ce qui vous vient à l'esprit.

Nage 33 : Une émotion, une création

Nous disposons donc d'un système ouvert *humeur-états d'esprit-émotions-physiologie*. Spontanément nous pensons « émotion » puis « état d'esprit » puis « actions ». Et nous suivons le système un peu passivement, d'émotions ressenties aux actions. Pourquoi ne pas faire l'inverse ? C'est vrai. Si nous décidions d'utiliser ce système de façon active, que se passerait-il ?

On obtiendrait : une action puis un état d'esprit puis une émotion. L'émotion ressentie deviendrait un résultat : un choix et une création.

Les bons programmes TV fonctionnent ainsi. Vous êtes là, tranquille avec des amis, et soudain vous vous mettez à pleurer. Ce que vous voyez à l'écran déclenche les réactions physiologiques de l'émotion tristesse et vous pleurez. Avec la Nage 26, nous l'avons en fait déjà. Nous avons déjà créé une émotion. Rappelez-vous, nous avons pris un crayon entre nos lèvres et avec cette action, nous avons demandé à notre corps de libérer de l'ocytocine, l'hormone du bonheur.

Astuce et entrainement, Nage 33

Astuce ! De même que les émotions peuvent nous mener à faire des actions, les actions peuvent nous mener à ressentir ou abandonner des émotions. En choisissant un état d'esprit précis, tout en étant attentif à des éléments précis, nous pouvons influencer nos réactions physiologiques et ainsi nos émotions et nos comportements.

Entrainement ! Commencez par être attentif aux situations où vous changez spontanément d'état d'esprit. Par exemple, pour vous motiver à faire quelque chose en particulier, pour passer du temps avec quelqu'un, pour donner une présentation.

Ensuite, choisissez certaines activités et décidez d'un état d'esprit avant de les commencer. Par exemple, avant d'aller à une réunion, choisissez *d'être curieux et calme* ; avant de faire vos comptes, choisissez *d'être motivée et enthousiaste*. Notez les changements sur votre façon de vivre l'activité. Prenez bien le temps de consigner tout cela dans votre carnet.

Pour finir ? Pourquoi ne pas participer à une séance de yoga du rire et découvrir comment créer l'action de rire, conduis rapidement au fou rire.

Nage 34 : Une expérience, une structure

Avec notre Nage 31, nous avons exploré combien l'émotion ou le sentiment que nous éprouvons sont subjectifs. Et si nous pouvions ajouter une notion de structure à cette expérience subjective, avec des dimensions faciles à identifier et donc à modifier ? Inspirés des travaux de Cameron-Bandler et Lebeau[19], envisageons alors huit dimensions définies comme suit :

1. *Le cadre temporel* : Le chagrin, par exemple, se situe presque toujours exclusivement dans le passé. L'impuissance est placée dans le présent. L'anxiété se trouve dans le futur.
2. *Les opérateurs de référence* : Ce sont des déclarations qui encadrent les actions et comprennent des mots comme « peut/ne peut pas », « devrait/ne devrait pas », « pourrait », « doit », « veux », « aime », etc.
3. *La comparaison* : Ce sont des comparaisons constantes entre le passé, le présent ou des résultats espérés versus des attentes ou des croyances. Nous recherchons, en général, soit des similitudes soit des différences.
4. *La taille des unités* : Quand l'unité de pensée est grande, on a une vue d'ensemble. Quand elle est petite, on s'attache aux détails.
5. *L'implication* : Comment interagissons-nous avec ce que nous vivons ? Par exemple, avons-nous initié et entretenu nous-mêmes cette expérience ou s'agit-il d'une création qui nous est extérieure ?
6. *L'intensité* : La force de l'expérience que nous vivons, exprimée par l'échelle de Likert de 0 à 10, 0 est pour « rien », et 10 pour « extrême ».
7. *Le tempo* : Semblable au tempo en musique.
8. *Les critères* : Ce sont des normes que nous appliquons dans des situations ou des contextes variés. Pour l'item 3 par exemple, ce sont les éléments que nous utilisons pour comparer deux états ou conditions.

Astuce et entrainement, Nage 34

Astuce ! Nous pouvons cartographier la subjectivité de nos sentiments en utilisant des dimensions comme le cadre temporel, le tempo ou les critères. Altérer le contenu d'une dimension modifie notre vécu.

Entrainement ! Prenez un sentiment que vous avez ressenti et décrivez-le en utilisant les huit dimensions ci-dessus. Par exemple, le fait de vous sentir calme pourrait donner: *présent, existence, correspondance, petites unités, mélange passif-actif, 4, modéré à lent, être dans l'instant*. Si c'est plus facile pour vous, commencez seulement par prêter attention à certaines dimensions comme le cadre temporel, le tempo ou les critères.

Nage 35 : Quatre étapes vers un message

Les émotions nous poussent à agir et les actions nous font ressentir des émotions. Pourrait-on envisager le lien entre émotions et actions comme une forme de dialogue ? Une émotion serait là pour nous dire quelque chose. Le message reçu, nous pourrions alors trouver les comportements adéquats pour traiter le message, les émotions et les situations qui vont avec. Nous commençons ainsi à gérer émotions et situations.

Avec la Nage 30, nous nommons nos émotions en utilisant deux étapes :

1. Nous reconnaissons l'émotion est là avec des informations factuelles.
2. Puis, nous nommons ou étiquetons l'émotion ou parfois les sentiments.

Ajoutons deux étapes supplémentaires :

3. Prenez un peu de temps pour identifier ce qui déclenche cette émotion. S'agit-il d'un élément externe (quelque chose que vous avez ou entendu) ou interne (une sensation éprouvée dans votre corps ou votre esprit). Et si c'est dans votre esprit, tentez de retrouver l'image associée.
4. À présent, posez-vous la question suivante : « Qu'y a-t-il d'important dans le fait d'éprouver cette émotion maintenant ? »

La 5e étape, que nous explorerons dans une prochaine Nage, sera :

5. « Comment puis-je adresser ce message (autrement) ? »

Astuce et entrainement, Nage 35

Astuce ! Les émotions contiennent des messages exprimés par le biais de notre corps. Quand nous reconnaissons nos émotions et les nommons, nous commençons à écouter les messages qu'elles portent. Nous facilitons ainsi un dialogue entre émotions et actions. C'est une étape intéressante dans notre collaboration avec nous-mêmes (Nage 21).

Entrainement ! Faisons une petite expérience sur la base des étapes 3 et 4. Continuez à être attentif aux émotions que vous éprouvez. Une fois effectuées les étapes 1 et 2, mettez en œuvre l'étape 3 et attachez-vous à séparer l'information factuelle (ce que vous voyez, entendez, etc.) de l'information subjective (ce que vous pensez ou supposez être là). Vous améliorez ainsi vos capacités d'observation et de prise de conscience. Passez ensuite à l'étape 4 et demandez-vous : « Qu'y a-t-il d'important dans le fait d'éprouver cette émotion (maintenant) ? » Répétez cette question jusqu'à ce que vous arriviez à une action réalisable.

Natation supplémentaire pour les plus motivés

Entrainement supplémentaire Nage 17, Restez en éveil – Nous voyons bien que nous avons recours quotidiennement aux observations et à l'éveil conscient. Entrainons notre sens de l'observation avec notre corps. Il est probable que vous soyez assis au moins une fois par jour. La prochaine fois, prêtez attention à votre siège. De quel type de siège s'agit-il ? Est-il moelleux ? Ferme ? Froid ? Qu'en est-il du sol sur lequel vos pieds reposent ? Comment vos pieds sont-ils posés au sol ? Sentez-vous la semelle de vos chaussures ? Sentez-vous vos orteils bouger ?

Ensuite, faites de même en marchant. Il peut s'agir d'un trajet à l'extérieur, par exemple de votre voiture à votre bureau ou de la gare à votre bureau. Prêtez attention aux mouvements de vos jambes et peut-être à ceux de vos bras aussi. Vous pouvez répéter cela plusieurs fois par jour, par exemple en revenant de la fontaine à eau.

Pour finir, prenez toujours le temps de noter vos observations dans votre carnet. Attachez-vous aux informations factuelles.

Entrainement supplémentaire Nages 18 et 19, Restez détendu et en mouvement – Rappelez-vous votre travail avec votre posture par défaut et reprenez-la maintenant. Vous avez peut-être remarqué le dynamisme de cette posture : chacun de vos muscles est mis en équilibre pour que vous puissiez rester détendu et debout. Un mouvement musculaire à peine perceptible permet en fait d'avoir la sensation d'être immobile.

Amusons-nous un peu à présent. Rendez-vous dans un lieu très passant comme l'entrée d'un parc ou d'un hall de gare et prenez votre posture par défaut en plein milieu de cet endroit. Observez le flux de personnes en mouvement continuel autour de vous. Si vous vous sentez suffisamment en sécurité pour cela, fermez les yeux pour non seulement entendre le mouvement mais également le ressentir. Remarquez comment il résonne dans tout votre corps. En même temps, continuez à remarquer les minuscules mouvements qui vous permettent de rester immobile et simplement debout.

Avec ces Nages supplémentaires, nous empilons des strates de savoir. Ici, nous nous concentrons sur nos capacités d'observation pour développer pas à pas notre prise de conscience et un monitoring spontané de notre système moi-autres-environnement.

Un moment de réflexion dans l'aquarium

Avec ces sept Nages nous avons découvert comment comprendre les émotions et ainsi influer sur elles ou sur leur impact. C'est à nouveau le moment de prendre du recul avec trois questions simples :

1) Mes Nages préférées dans ce chapitre :

2) Les Nages d'entrainement qui ont vraiment changé quelque chose dans ma perception des émotions :

3) Les Nages qui me sortent le plus de mon aquarium :

6, Sept plongeons dans la rivière

L'exploration est véritablement l'essence de l'esprit humain.

– Frank Borman

De poisson à poisson

Nous savons que le soi est comme une rivière.

L'un des aspects du self-leadership est d'accepter cette notion d'un soi dynamique en allant même au-delà de l'acceptation. Un autre aspect du self-leadership est de nous rendre plus forts grâce justement à cette notion d'un soi dynamique. Elle nous permet :

→ de la flexibilité dans l'action
→ de l'adaptabilité en communication
→ une meilleure compréhension de la prise de conscience et de la façon de l'utiliser
→ la capacité de retrouver des informations manquantes
→ la reconnaissance de l'importance de regarder vers l'avant, au-delà du système moi-autres-environnement
→ le désir d'apprendre et d'être inspiré

Prêt à plonger dans la rivière pour y faire de nouvelles découvertes ?

Nage 36 : Plonger vers la flexibilité

Comme l'a si bien écrit Frank Borman, « L'exploration est véritablement l'essence de l'esprit humain. » Et chacun d'entre nous est un explorateur né (Nage 7). Nous commençons notre vie en explorant le monde autour de nous, tout en profitant des changements que nous créons (Nage 14). Nous faisons aussi partie du système moi-autres-environnement, et nous savons que l'élément le plus flexible du système le contrôle (Chapitre 4).

L'exploration, le changement et la flexibilité sont trois éléments qui se nourrissent l'un l'autre ; où la flexibilité consiste à explorer différentes options en acceptant la création de possibilités de changement. Imaginez alors que vous ayez un *muscle du changement* renforçant votre capacité d'exploration et votre flexibilité. Comme tout muscle, nous pouvons l'entrainer, le renforcer, l'étirer, et cela tout en nageant.

Maintenant, si l'aquarium est notre zone de confort, un changement implique un bond hors de l'aquarium et avec la conviction que nous aurons la force de continuer à nager une fois à l'extérieur. Il nous faut croire que tout va bien se passer. Comme tout ce que nous faisons veut dire l'activation de voies neuronales (Nage 26), il nous faut une voie neuronale « savoir que tout va bien se passer quand il y a un changement ». Nous la développons justement en entrainant ce *muscle du changement*. Nous nous habituons à savoir que tout va bien se passer en nous servant de changements simples.

Astuce et entrainement, Nage 36

Astuce ! La capacité de changer et d'être flexible est comme un muscle : plus vous travaillez votre flexibilité, plus vous développez votre muscle du changement et plus vous renforcez cette flexibilité.

Entrainement ! En fait, nous avons déjà commencé à développer notre muscle du changement avec la Nage 7, où nous avons ordonné à notre cerveau de créer la voie neuronale « Je me fais confiance quand je fais preuve de flexibilité en créant des changements simples. » Reprenons la même démarche : continuez à mettre en place de petits changements dans votre quotidien et ajoutez-y la répétition de cette phrase « Je me fais confiance quand je me montre flexible ». Notez dans votre carnet à quel point la mise en œuvre de ces changements est maintenant facile. Lorsque vous vous sentez prêt, appliquez la même démarche à de plus grands changements.

Nage 37 : Plonger vers la communication

En tant qu'êtres humains, nous sommes avant tout des êtres sociaux. Abandonnez quelqu'un sur une île déserte et il est fort probable que cette personne se créera des interlocuteurs comme le film *Seul au monde* le montre si joliment[20].

Maintenant, qui dit êtres sociaux, dit aussi communication. Et pour qu'il y ait communication, nous devons supposer l'existence d'un message à transmettre, le message étant le contenu de la communication. Nous avons également besoin de moyens de le transmettre : des mots, un mouvement du corps, un clin d'œil, un dessin, etc. Ce sont les *canaux de communication*. Ensuite, nous avons un émetteur (celui qui crée le message) et bien entendu, un récepteur (la personne qui reçoit le message). Le schéma ci-dessous, inspiré des travaux du mathématicien Claude Shannon[21], pourrait résumer le circuit de la communication.

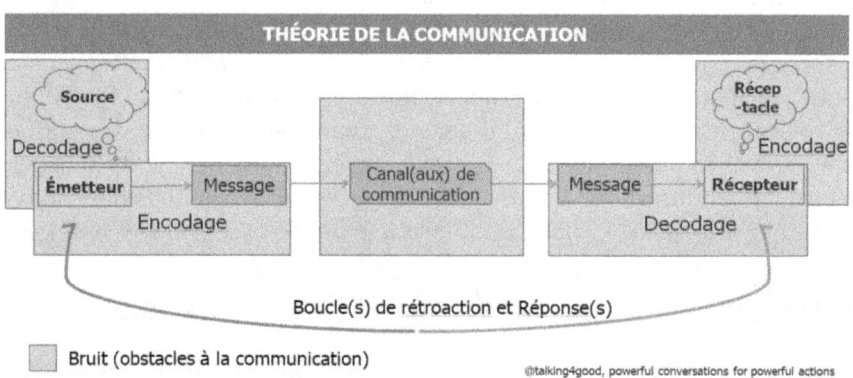

À chaque étape, des *bruits* peuvent apparaître. Ils jouent le rôle d'*obstacles à la communication*. Nous parlons de quatre types de bruits :

1. Les bruits techniques. Exemple : la ligne téléphonique n'est pas claire.
2. Les bruits de fond ou bruits situationnels. Exemple : il y a un chantier de construction à proximité.
3. Les bruits de contexte. Exemple : la personne a de la fièvre.
4. Les bruits internes. Exemple : la personne est malvoyante.

Et chacun peut avoir un impact sur la qualité, soit de la transmission, soit de la réception du message.

Les derniers éléments de notre modèle sont la source (l'endroit où se trouve l'information) et l'émetteur (la personne qui crée le message). On considère souvent la source et l'émetteur comme un seul et même élément. Cependant, en étudiant ce qui se passe dans notre cerveau quand nous produisons une phrase, on voit clairement que plusieurs éléments entrent en jeu : la santé de notre cerveau, le vocabulaire à notre disposition, le temps qu'il nous a fallu pour trouver l'information adéquate à la source, etc. En fait, l'émetteur transforme l'information qui se trouve dans la source en message grâce à un codage, et ce codage est soumis à de nombreux *bruits internes*. À l'autre extrémité de la communication, le récepteur va décoder le message avant de le stocker. Ce décodage aussi est sujet à de nombreux *bruits internes* liés à notre culture, notre éducation, nos expériences passées, nos attentes, etc.

Plus nous comprenons comment nous codons ou décodons un message, plus nous renforçons notre capacité à tirer le maximum de la communication. Et plus nous reconnaissons le rôle des bruits, leur origine, et leur impact possible, plus il est facile de créer de la communication vraiment efficace.

Astuce et entrainement, Nage 37

Astuce ! Le résultat d'une communication se définit, non par ce qui est dit, mais par ce qui est compris ou perçu ; et la personne qui décide vraiment du sens de la communication est le récepteur.

Entrainement ! Avec les Nages 9 et 23, nous nous sommes attachés à l'identification d'informations factuelles pour éviter les suppositions. Revenir à l'information factuelle, c'est revenir à la *source* et explorer en fait nos propres bruits internes.

Considérez activement les interactions de communication que vous avez eues récemment ; et choisissez-en une qui s'est mal passée. Prenez maintenant le temps d'identifier les types de bruits qui étaient présents :

1. Soit de bruits techniques
2. Soit des bruits de fond ou situationnels
3. Soit des bruits de contexte
4. Soit des bruits internes

À présent, pensez à une interaction de communication importante à venir. Que pouvez-vous faire pour réduire certains des bruits possibles ? Si c'est une réunion, il s'agit peut-être du lieu, de l'utilisation d'une langue, des vêtements que vous portez, etc.

Nage 38 : Plonger vers la conscience

L'une des clés de la conscience de soi est un sens extrêmement aigu de l'observation de tout notre environnement (Nage 10). Cela commence par le monitoring du système *moi-autres-environnement* et en particulier de nos interactions avec ce système.

Une plongée vers la conscience est une plongée vers l'écoute du système. Découvrons le sens du mot « écouter » en étudiant son caractère chinois dessiné ci-dessous. Il est constitué de cinq éléments dont chacun est un concept en lui-même :

→ Oreille, ce qui sert à écouter – entendre
→ Roi, être attentif comme si l'autre était roi – obéir
→ Dix et œil, être aussi observateur que si nous avions dix yeux – être attentif
→ Un, donner une attention totale – être au service
→ Cœur, écouter avec notre cœur – prêter l'oreille

À quel type d'écoute ce caractère chinois nous invite-t-il ?

Je l'appelle *écoute du corps entier*. Tous nos sens s'intègrent aux dix yeux. Nous écoutons alors la gestuelle, le mouvement de la peau, la chimie (même si nous en sommes rarement conscients), les vibrations créées par le corps comme les ondes cardiaques, l'énergie projetée, les minuscules mouvements des muscles faciaux, etc., tout en continuant à nous concentrer sur les informations factuelles mais avec une attention totale.

Astuce et entrainement, Nage 38

Astuce ! Nous renforçons notre conscience de tout notre environnement grâce à la capacité *d'écoute du corps entier*. Et plus nous sommes conscients de tout dans le système moi-autres-environnement, plus il nous est facile d'influer sur lui.

Entrainement ! L'écoute du corps entier est une nouvelle strate qui s'ajoute à nos capacités d'observation. Dans les jours à venir, prenez un peu de temps pour vous y entrainer. Asseyez-vous et essayez d'écouter avec une attention pleine et entière tous les éléments qui vous entourent, de vos tripes et votre peau à votre environnement, comme si votre corps et votre esprit enregistraient la moindre information.

Nage 39 : Plonger vers les faits manquants

Nous savons que nos expériences sont enregistrées à partir d'informations partielles, filtrées ou déformées que nous traduisons en mots. En pratiquant le self-leadership, nous apprenons à retrouver les informations (et faits) manquants, et ainsi à revisiter le contenu de nos expériences passées et donc les choix que nous avons faits pour réagir ou apprécier des situations.

Cette Nage s'appuie sur les Nages 22, 23 et 27 et adopte une approche plus systématique de récupération de l'information. Elle commence par l'étude de trois filtres génériques de l'esprit – la suppression, la déformation et la généralisation – grâce à une attention prêtée aux mots que nous utilisons.

1. La suppression ou le filtre suppresseur

Nous fragmentons les deux millions d'informations que nous recevons à chaque instant en morceaux de taille gérable en reléguant au fond de notre esprit ce qui n'a pas d'intérêt sur le moment.

Nous savons que nous avons supprimé des informations lorsque nous n'entendons qu'une information partielle. Quand quelqu'un dit : « Je suis en colère », cela nous donne une information utile même si l'information sur la cause de la colère a été supprimée. Pour traiter la colère et gérer les émotions, il nous faut retrouver ce qui a mis la personne en colère. Pour cela, on pose des questions comme « À propos de quoi es-tu en colère ? » De même quand quelqu'un dit : « Ils ne me croient pas », il nous manque l'information-clé. On y remédie avec la question : « Qui ne te croit pas ? »

2. La déformation ou le filtre déformant

« Déformer » signifie dénaturer l'information fournie par nos sens. Au fur et à mesure de notre croissance et de nos apprentissages, nous formulons des jugements à propos du monde qui nous entoure et nous acceptons certaines choses comme vraies. Une fois que ces croyances sont en place, nous déformons les informations qui ne concordent pas avec nos jugements. Cela se fait automatiquement pour que les nouvelles informations se conforment voire renforcent notre version personnelle de la réalité.

Quand quelqu'un dit : « Il n'y a aucune communication entre nous » et que c'est à vous que cette personne est en train de parler, dans la mesure où la parole est une forme de communication, vous savez que vous êtes en présence d'une déformation. Pour retrouver l'information manquante, vous pourriez demander : « À quel sujet voudrais-tu communiquer ? »

3. Le filtre généralisateur

Pour pouvoir penser rapidement, notre cerveau généralise l'information à partir d'une, deux ou trois expériences similaires. Si tous les cygnes que nous voyons sont blancs, nous supposerons que tous les cygnes sont blancs, jusqu'à ce que nous en voyions un noir. Il y a des généralisations bien utiles telles que « Tous les requins sont dangereux » et d'autres qui limitent nos choix et points de vue comme « Sur internet, toutes les news sont fausses ».

Quand on entend : « Personne ne communique jamais avec moi », le mot « personne » exprime une généralisation. Vous êtes en train de communiquer avec cette personne. Cependant, la généralisation qu'elle opère la rend incapable de reconnaître cette interaction comme de la communication. On perturbe la généralisation en révélant un élément qui lui est contraire. Ici vous pourriez répondre : « Je suis en train de communiquer avec toi en cet instant précis, n'est-ce pas ? ». Vous pourriez aussi chercher le détail manquant en demandant : « Avec qui voudrais-tu communiquer ? »

Le filtrage est un mécanisme cérébral qui nous permet de réfléchir vite et de survivre. Plutôt que d'analyser chaque situation dans sa totalité, notre cerveau prend des raccourcis et tire parti d'une base de connaissances qu'il établit à partir de nos expériences passées. Mais cela nous amène à des prédictions et/ou à des attentes incorrectes, ce qui n'est pas très éloigné de la supposition. En pratiquant le self-leadership, nous nous attachons à retrouver l'information manquante et à démonter notre filtrage automatique.

Astuce et entrainement, Nage 39

Astuce ! Les filtres de notre esprit se fondent sur nos expériences passées. Et nous filtrons l'information de façon subjective pour être en accord avec nos attentes. Pour récupérer les éléments filtrés, on revient toujours aux faits ; on utilise ainsi des questions cherchant les détails manquants.

Entrainement ! Le but de cet exercice est de trouver la question à poser. Écoutez activement ce que disent les gens. Remarquez les phrases qui ressemblent à la partie émergée d'un iceberg. Notez-les. Puis, reprenez ces phrases une à une et réfléchissez aux questions que vous voudriez poser pour arriver à l'information contextuelle cachée. Pour cela, identifiez ce qui est supposé ou imprécis.

Maintenant, faites la même chose avec vos propres phrases. Soyez attentif à celles qui sont incomplètes et ne donnent qu'une information partielle. Réfléchissez à la question à poser pour retrouver le(s) détail(s).

Nage 40 : Plonger vers les horizons

Vous êtes sur le point de construire un petit pont sur une rivière. Comment préféreriez-vous procéder ?

Stratégie 1 : Tourner le dos à la rivière et jeter des pierres, du bois ou tout autre matériau derrière vous, par-dessus votre tête, dans la rivière.

Stratégie 2 : Repérer un point sur l'autre rive, un horizon, et aligner avec ce point les matériaux qui vous semblent appropriés à la construction du pont.

Vous avez probablement répondu « stratégie 2 ». Et pourtant, dans la vie de tous les jours, la stratégie 1 est bien plus fréquemment choisie. Nous restons là, la rivière dans notre dos, à espérer avancer en regardant notre passé.

La pratique du self-leadership implique la mise en œuvre de la stratégie 2. Et donc l'identification de cet horizon à cibler. Cela peut-être quelque chose de très précis, un but, un objectif. Cela peut rester juste une impression, quelque chose qui donne une direction. Quelle que soit la solution qui vous convient, ce point à l'horizon va vous apporter l'énergie et la direction nécessaires aux actions et au mouvement que vous créez dans votre vie.

Astuce et entrainement, Nage 40

Astuce ! Regarder à l'horizon, c'est identifier quelque chose au future qui donne de l'énergie et un sens aux mouvements que nous créons dans notre vie. Avec, nous alignons nos ressources dans une même direction.

Entrainement ! Commençons par redécouvrir physiquement cette notion d'horizon :

- → Faites faire des étirements à vos yeux en passant d'une *distance focale courte* (exemple : regardez votre téléphone) à une *distance focale longue* (regardez par la fenêtre).
- → Veillez à ce que les pièces dans lesquelles vous travaillez aient des fenêtres et à ce que vous puissiez regarder au loin facilement.
- → Donnez-vous des occasions d'aller dans des lieux où vous pouvez balayer le paysage des yeux. Alors que vous regardez toujours plus loin, respirez de tout votre corps, en occupant tout l'espace.
- → Prenez l'habitude de rêver les yeux ouverts en posant votre regard sur l'horizon. Laissez le regard voyager aussi loin que possible !

Nage 41 : Plonger vers l'apprentissage

L'apprentissage se produit dans notre cerveau. En fait, nous apprenons en créant de nouveaux processus neuronaux. Explorons cela en cinq étapes[22] :

1. *L'incompétence inconsciente* : vous ne savez pas que ce savoir-faire existe. Vous ignorez donc être incompétent dans ce domaine. Exemple : vous n'avez jamais vu de vélo, vous ne savez pas que les vélos existent et vous ignorez que vous ne savez pas rouler à vélo.
2. *L'incompétence consciente* : vous savez que le savoir-faire en question existe et que vous ne le possédez pas. Vous avez vu un ami faire du vélo. Alors que vous découvrez l'existence des vélos, vous découvrez qu'il existe un savoir-faire qui consiste à rouler à vélo et que vous ne le possédez pas. Vous pouvez désormais choisir d'acquérir ce savoir-faire.
3. *La compétence consciente* : vous possédez le savoir-faire mais vous devez réfléchir consciemment à chacune des étapes nécessaires à sa mise en œuvre. A présent vous roulez à vélo mais vous avez encore besoin de vous concentrer sur votre équilibre, la route à suivre, etc.
4. *La compétence inconsciente* : vous possédez le savoir-faire et vous êtes capable de le mettre en œuvre sans réfléchir. Désormais quand vous prenez votre vélo, vous vous mettez en selle d'un bond et vous pédalez avec insouciance tout en bavardant avec vos amis, etc.
5. *L'expertise/La maîtrise* : vous possédez un savoir-faire, vous le mettez en œuvre sans réfléchir. En même temps, vous avez la capacité de bloquer vos réactions automatiques pour choisir une façon précise de le mettre en œuvre. Richard Restak dit simplement : « Pour accomplir une performance de niveau supérieur dans un domaine particulier, l'expert se doit d'aller à l'encontre de l'impulsion naturelle qui consiste à atteindre une performance automatisée dès que possible. »[23]

Astuce et entrainement, Nage 41

Astuce ! L'apprentissage est un processus. Et la reconnaissance d'un savoir-faire chez autrui fait partie de ce processus. Il nous fait passer de la phase 1 à la phase 2 (cf. ci-dessus). Une fois que nous avons reconnu un savoir-faire chez autrui, le processus de son acquisition a en fait débuté.

Entrainement ! Dressez la liste des compétences que vous possédez et évaluez à quelles phases du processus d'apprentissage vous vous situez. Pour chaque savoir-faire qui vous semble important à développer maintenant, qu'est-ce qui vous aiderait à passer à la phase suivante ?

Nage 42 : Plonger vers l'inspiration

Et si nous n'étions que des machines à apprendre ? C'est vrai, notre instinct de survie n'est peut-être qu'un besoin compulsif d'apprendre. Certaines théories se demandent même si les humains atteignent un jour l'âge adulte, étant donné que nous conservons la faculté de jouer comme des enfants. Qui sait, cette propension à jouer est peut-être justement ce qui permet aux humains de toujours continuer à apprendre ?

Ce besoin d'apprendre est lui-même un atout de notre self-leadership. Et il se transforme en un effort constant pour nous améliorer. On le fait souvent en imitant les autres. On pourrait même dire que tout apprentissage passe par l'imitation, et souvent par l'imitation de rôles modèles. Lorsque vous vous cherchez un rôle modèle, réfléchissez à ces trois questions :

1. Qu'est-ce qui vous pousse à choisir cette personne comme modèle ?
2. Qu'est-ce qui est important pour vous de l'avoir comme modèle ?
3. Que voulez-vous apprendre de cette personne ?

Quand je cherche un modèle dont je puisse m'inspirer pour développer mon self-leadership, je peux, soit penser à un savoir-faire précis et chercher quelqu'un qui le possède, soit me laisser à être simplement inspirée par quelqu'un. Dans ce dernier cas, je prends alors le temps d'évaluer ce qui a attiré mon attention ou m'a inspirée. Ensuite, j'imite cette personne, allant parfois jusqu'à copier sa gestuelle pour provoquer des changements dans mes impressions et mes actions en utilisant le lien entre corps et esprit.

Astuce et entrainement, Nage 42

Astuce ! Le fait d'avoir des rôles modèles à imiter nous donne une direction à suivre et nous aide à transformer nos talents en compétences.

Entrainement ! Cherchez des gens ou des personnages qui vous inspirent vraiment. Il peut s'agir de personnes vivantes, décédées ou même de personnages de fiction. Une fois quelques modèles identifiés, prenez un moment pour faire le point sur :

1. Ce qui vous pousse à les choisir comme modèles.
2. Ce qui est important pour vous de les avoir comme modèles.
3. Ce que vous voulez apprendre de ces personnes.

Puis observez-les. Petit à petit, commencez à prendre exemple sur leurs attitudes ou leurs actions, commencez presque à agir comme elles.

Natation supplémentaire pour les plus motivés

Entrainement supplémentaire Nage 36, Plonger vers la flexibilité en continuant à développer notre muscle du changement – L'acquisition de la flexibilité commence par des choses aussi simples que prendre le temps chaque jour de faire quelque chose d'une façon légèrement différente. Vous pouvez décider de fermer votre porte à clé ou d'écrire de votre main non-dominante, acheter du liquide vaisselle d'une marque différente, changer votre façon de saluer les gens, etc.

Faites en sorte que ces changements soient petits et pratiquez-les souvent. Tel le muscle d'un athlète, il faut que votre cerveau s'entraine régulièrement pour devenir endurant. Quand vous vous sentez prêt, passez au niveau supérieur en commençant à mettre en place des changements un peu plus importants. Remarquez que vous restez le même, bien que vous agissiez de façon légèrement ou très différente.

Prenez aussi un moment pour réfléchir à ce qui est le plus facile entre :
1. Expérimenter l'effet des changements que nous créons ou
2. Accepter que les gens qui nous entourent soient surpris et portent parfois un jugement négatif sur les changements que nous opérons.

Entrainement supplémentaire Nage 42, Plonger vers l'inspiration en imitant des rôles modèles – Au lieu d'être juste inspirés par des gens que nous rencontrons ou dont nous entendons parler, nous avons la possibilité de rechercher des modèles activement. Comment faire ?

1. Pensez à un savoir-faire ou à une compétence que vous voudriez vraiment acquérir et développer.
2. Mettez-vous spécifiquement en quête d'une personne qui manifeste ce savoir-faire ou cette compétence (il peut s'agir d'une personne que vous n'avez jamais rencontrée).
3. Commencez à prendre exemple sur cette personne.

De même que des nageurs de compétition ont tous des styles de nage légèrement différents, des personnes différentes mettront un savoir-faire en œuvre avec des styles différents. Cherchez plusieurs modèles pour le même savoir-faire afin d'observer différentes manières de devenir compétent dans ce domaine. Puis adoptez le style qui vous convient le mieux (vous allez même le modifier à votre propre sauce, vous verrez).

Et si vous deveniez le modèle de quelqu'un d'autre ?

Un moment de réflexion dans l'aquarium

Nous venons de terminer sept Nages. En fait, de vrais plongeons où nous nous sommes attachés à approfondir nos connaissances et à mettre en place des habitudes solides. Prenons un peu de recul avec trois questions simples :

1) Mes Nages préférées dans ce chapitre :

2) Qu'en est-il de la Nage sur la communication ? Quelle est l'information la plus importante que j'ai apprise avec cette Nage ?

3) Qu'en est-il de la Nage sur les horizons ? Écrivez (ou dessinez) ce qui vous traverse l'esprit lorsque vous lisez la question suivante. Qu'aimeriez-vous voir à votre horizon en ce moment ?

7, Sept habitudes à prendre pour faire équipe

Le soi est un état neurobiologique en perpétuelle recréation.

– Antonio Damasio

De poisson à poisson

Le self-leadership, c'est le fait d'avoir un sens aigu de notre identité, de nos capacités et de la direction dans laquelle nous allons, associé à la faculté de pouvoir influer sur notre communication, nos émotions et nos comportements tout au long du chemin

Avec les chapitres 1, 2 et 3, nous avons mis en place des bases en atteignant le Niveau 1 du self-leadership. Avec les chapitres 4, 5 et 6, nous avons développé nos connaissances en étudiant les notions de soi, de communication, d'émotion et de comportement. Nous avons aussi établi que nous sommes un élément au sein de plusieurs systèmes interconnectés comme le système *moi-autres-environnement* ou le système *humeur-états d'esprit-émotions-physiologie*. Nous pourrions ajouter les systèmes *corps-esprit*, *émotions-comportements-actions*, *corps-environnement*, etc. Au sein de tous ces systèmes, ce qui va faire LA différence, c'est notre capacité à influer sur eux par la communication, les émotions et les comportements.

Charles Swindoll, un ecclésiastique américain, a écrit cette phrase à la fois simple et extraordinaire : « La vie est composée à 10% de ce qui nous arrive et à 90% de notre réaction à ce qui nous arrive. »

Quand nous identifions ce qui constitue ces 10% (les informations factuelles) par rapport aux 90% restants (notre interprétation ou nos réactions), nous nous donnons beaucoup plus de choix et d'options sur la façon de traiter ces 10% et donc d'influer sur l'endroit où ils nous mènent.

L'attitude qui va vraiment nous aider ici, c'est celle qui consiste à faire équipe avec nous-mêmes (Nage 21). Étudions donc sept habitudes visant à mettre en place une collaboration solide avec nous-mêmes. Elles vont avoir un impact fantastique sur les 90% dont nous venons de parler.

Nage 43 : Choisissez vos mots

Si vous êtes comme beaucoup, vous parlez régulièrement à vous-même. Certes, ce n'est pas un dialogue parfait du type : « Cher moi, comment vas-tu aujourd'hui ? – Je vais bien et toi ? On va se promener ? », etc. Il s'agit plutôt de pensées qui nous traversent l'esprit comme un monologue continu. Et pour le construire, nous utilisons des mots.

Nous sommes en 1996 – et oui, il y a plus de 20 ans – et John A. Bargh, Mark Chen et Lara Burros décident de piéger des étudiants de l'université de Yale. Ils les invitent à tester leurs compétences en langue anglaise et leurs aptitudes littéraires. Pour cela, ils leur donnent des phrases mélangées et leur demandent de les reconstituer aussi vite que possible. La plupart des étudiants réussissent haut la main. Mais ce n'est pas cela, le vrai test. Le vrai test consiste à mesurer la vitesse à laquelle les étudiants quittent la salle d'examen pour partir prendre l'ascenseur. Le groupe de contrôle reçoit des mots « neutres » tandis que les autres reçoivent des phrases particulières contenant des mots comme « vieux », « gris », « isolé », « loto », « rides ». Devinez quoi ? Hormis les membres du groupe de contrôle, tous les autres ont ralenti le pas. Ils se sont mis à marcher comme des personnes âgées. Le fait de lire des mots associés à la vieillesse les a fait agir comme elles.

Ce phénomène s'appelle « automaticité du comportement social ». Il est associé au concept d'*amorçage*. Les mots ne sont pas seulement des étiquettes que nous collons sur ce que nous vivons. Ils sont préchargés de sens. Et ceux que nous choisissons ont un impact sur notre humeur et notre état d'esprit général. En fait, la moindre information reçue par notre esprit – par la couleurs, les images, l'art, etc. – peut provoquer un effet d'amorçage.

Astuce et entrainement, Nage 43

Astuce ! Les mots sont préchargés de sensé et ceux que nous entendons ou utilisons influencent notre vécu et nos comportements. En changeant les mots que nous nous adressons, nous pouvons changer la façon dont nous nous percevons et avec notre humeur, notre enthousiasme, etc.

Entrainement ! Revenons sur la Nage 21 où vous avez écouté les mots que vous utilisez en vous parlant. Reprenez votre liste. Ces mots vous conviennent-ils ? Et si vous en remplaciez certains par des mots plus forts déjà porteurs de l'intention que vous souhaitez réaliser ? Allez-y, notez-les dans votre carnet ; relisez-les ; savourez-les.

Nage 44 : Travaillez en équipe

Il est intéressant de noter que notre façon d'agir dépend du contexte. Si vous gérez un projet au travail, vous avez peut-être une méthodologie très précise avec un calendrier clairement défini. Dans ce contexte particulier, le fait de veiller à l'organisation temporelle et d'être méthodique joue en votre faveur. En revanche, le week-end, quand vos amis vous appellent et vous proposent d'organiser quelque chose, vous répondez : « On se donner rendez-vous et on verra bien après ». Dans ce contexte-là, vous décidez d'adopter un style différent et vous vous concentrez sur l'instant. À présent, vous organisez vos prochaines vacances. Vous disposez d'un nombre de jours de congé limité et il y a trois endroits de la région que vous tenez absolument à voir. Vous réservez logements et moyens de transport pour vous assurer de visiter ces trois sites et vous laissez tout le reste à l'inspiration du moment. Dans ce dernier contexte, vous avez adopté encore un autre style, un mélange des deux premiers. Peut-être que vous préférez un style plus qu'un autre. Néanmoins, ils sont tous bons, adéquats et chacun a ses avantages.

Ces trois styles différents ou trois façons d'être en fonction du contexte sont en fait des facettes de la personne que nous pouvons être. Ils sont comparables à des mini personnalités répondant à des besoins spécifiques dans des situations spécifiques. Être capable de faire les choses différemment pour répondre à des situations et des contextes différents modifie-t-il notre identité ? Bien sûr que non ! Nous restons la même personne ; et nous nous montrons juste capables de nous adapter et de naviguer dans des cadres variés. Plus nous nous sentons à l'aise dans cette navigation d'un cadre à l'autre, plus nous faisons preuve de flexibilité.

Astuce et entrainement, Nage 44

<u>**Astuce !**</u> Tous ces types de personnalités qui reflètent simplement notre capacité à appliquer des méthodologies différentes font partie de notre équipe personnelle. Et c'est bien connu, une équipe est plus forte que la somme des éléments qui la composent.

<u>**Entrainement !**</u> Comme nous venons de le voir ci-dessus, nous ne gérons pas notre temps de la même façon au travail, à la maison et en vacances. Prenez un instant pour réfléchir à votre gestion du temps. Notez le style qui vous vient le plus naturellement et qui est donc le moins *énergivore*. Cherchez d'autres activités pour lesquelles, en fonction du contexte, vous pouvez adopter des styles différents. Notez ceux qui vous sont naturels.

Nage 45 : Mangez, reposez-vous, dormez

Pour le moment, nous faisons équipe au sein de notre esprit, les différents aspects de notre personnalité travaillant tous ensemble. Faisons désormais équipe aussi avec notre moi physique avec trois étapes simples : manger sain et équilibré, mettre nos muscles et cerveau au repos, et dormir.

1. *Manger sain et équilibré* : Vous vous souvenez que nous ne sommes qu'une collection de processus neuronaux (Nage 26). En réalité, ce n'est pas tout. Il y a aussi pas mal d'os, de muscles et d'organes faits d'éléments comme l'oxygène, l'hydrogène, le carbone, le calcium, etc. Pour garder tout cela en bon état de marche, nous avons besoin d'une nourriture de qualité.
2. *Mettre nos muscles et cerveau au repos* : Nous avons besoin de repos pour métaboliser les aliments, produire de l'énergie et renouveler les éléments constitutifs de notre corps. Nous mettons notre cerveau au repos en rêvant tout éveillé, en réalisant des activités pour lesquelles nous n'utilisons pas activement nos neurones, et en déconnectant.
3. *Dormir* : Enfin, le sommeil est la clé d'un cerveau équilibré. Privé de sommeil, notre cerveau arrête progressivement de traiter nos expériences, d'apprendre, de créer de nouveaux souvenirs ou de les renforcer. Lorsque vous préparez un examen pour lequel le contenu à mémoriser est important, plutôt que de travailler en continu, étudiez sur de courtes périodes. Entre deux périodes, faites 15 minutes d'activité physique ou dormez. Cela vous aidera à mieux retenir.

Astuce et entrainement, Nage 45

Astuce ! L'état de notre corps et notre santé ont une influence directe sur notre physiologie et donc sur la gamme de comportements et d'actions à notre disposition. Prenez soin de votre corps pour prendre soin de votre esprit et rester cool en trois étapes : mangez, reposez-vous et dormez.

Entrainement ! Nous avons déjà parlé des étapes 1 et 2. Aujourd'hui approfondissons cette étape 3. En moyenne, un adulte a besoin de 6 à 8 heures de sommeil. Dormez-vous autant ? Vos horaires de sommeil sont-ils réguliers ? Vous endormez-vous facilement ? Vous sentez-vous reposé au réveil ? Si vous avez répondu « Pas vraiment » à une de ces questions, posez-vous un moment. Le premier pas vers un meilleur sommeil va consister à mettre en place des horaires de sommeil réguliers. Notez les horaires que vous choisissez et respectez-les.

Nage 46 : Soyez centré côté cause

Dans un sens, nous sommes toujours notre propre patron (Nage 3) et en même temps cette affirmation n'est pas facile à entendre. Nous sommes en fait très forts pour nous inventer des excuses. Si vous ne me croyez pas, écoutez le TED talk de Larry Smith, *Pourquoi vous allez échouer à avoir une grande carrière*[24].

Peut-être les excuses que nous nous trouvons servent-elles à protéger notre identité ? *Se trouver des excuses* est un comportement en lui-même. Et chaque comportement ayant une intention positive, c'est aussi le cas ici (Nage 28). Une fois que nous avons cette intention, il se passe deux choses :

1. Nous pouvons identifier d'autres options pour créer la même intention.
2. Nous pouvons tirer des leçons de ce que nous vivons.

Être centré côté cause signifie voir ces autres options et donc débloquer en nous la possibilité de tirer des leçons de notre vécu.

Ce n'est pas tout à fait clair ? Alors faisons un test.

Êtes-vous *centré côté cause* en cet instant précis, à lire ce livre ?

Pour le savoir, répondez à ces questions très simples :

Est-ce vous qui avez décidé de lire ce livre ?   Oui/Non

Revendiquez-vous votre décision d'avoir pris ce livre   Oui/Non
et choisi de le lire ?

Vous avez probablement répondu « oui » à ces deux questions, c'est-à-dire que vous revendiquez votre décision de lire ce livre. Vous êtes donc effectivement centré côté cause.

Être *centré côté cause* se définit par rapport à être *centré côté effet*. Et vous avez deviné juste, j'ai emprunté cette terminologie à la PNL[25]. Si vous restez *centré côté effet*, vous vous considérez comme un *destinataire de la situation*, c'est-à-dire quelqu'un dont la capacité à changer la situation est limitée. S'y ajoute l'impression de ne rien contrôler. D'ailleurs les personnes centrées *côté effet* ont tendance à utiliser des expressions comme « être une victime », « la vie est injuste », « ça me tombe dessus ».

Quand vous déplacez votre point de vue pour vous *centrer côté cause*, vous prenez position et décidez d'accepter une part de responsabilité dans la situation à laquelle vous êtes confronté. En prenant cette position, vous ouvrez des options pour agir sur la situation et générer des actions. Vous vous déplacez du rôle de destinataire à celui d'*acteur* voire d'*agent actif*.

Si accepter l'idée d'être *centré côté cause*, n'est pas encore facile, c'est peut-être que vous la confondez avec le fait d'*être la cause*. Les deux expressions sont très différentes. Être *centré côté cause* signifie que vous êtes prêt à prendre la responsabilité de ce qui se passe dans votre vie. Et avec vous acceptez de chercher les options disponibles et de mettre en place du mouvement en créant des actions. Et oui, cela fait appel à notre capacité innée à pratiquer l'autonomie (Nage 2).

Comment utiliser cela dans le développement de notre self-leadership ?

Comme nous voulons être capables d'influer sur notre communication, nos émotions et nos comportements tout au long du chemin, il nous faut nous placer dans un rôle où nous avons le pouvoir de le faire. Et c'est exactement ce qui se passe quand nous nous centrons côté cause.

Astuce et entrainement, Nage 46

Astuce ! Être centré côté cause, c'est devenir un agent actif de notre vie. Pour cela, nous nous approprions ce qui s'y passe. Souvent, le simple fait de choisir d'agir nous centre côté cause.

Entrainement ! Avec cette Nage, nous passons de l'expression « être une victime » qui véhicule une notion d'impuissance, à l'expression « être un agent actif » qui porte une sensation de forces.

La première étape, facile à mettre en œuvre, consiste à opérer un simple changement de vocabulaire dans notre dialogue interne. Quand vous vous trouvez dans une situation compliquée, répétez dans votre tête « Je suis un agent actif », comme un mantra. Cela va aider votre esprit à discerner des options. Ici, nous nous appuyons sur les Nages 27 et 43. Concentrons-nous ensuite sur quatre capacités inhérentes au self-leadership : la prise de décision, l'autonomie, être un agent actif et se sentir responsable de nos choix. Dans les jours à venir, relevez quand vous ne mettez pas en pratique l'une de ces capacités et demandez-vous : « Comment cela serait-il si je mettais en pratique [...] ? Que se passerait-il ensuite ? » Notez vos réponses dans votre carnet.

Nage 47 : Pratiquez l'attention

Notre façon de ressentir le monde est fascinante. Elle mêle événements, processus neuronaux, substances chimiques et expériences. Et pourtant, nous utilisons à peine 0,1% de l'information contenue dans notre cerveau.

Comment en utiliser davantage ? Comment créer une collaboration plus étroite avec nous-mêmes ? Ou tirer avantage de la notion de congruence découverte à la Nage 27 ? Ou encore tirer profit des raccourcis de notre cerveau comme l'amorçage (Nage 43) ? La réponse est simple : en *pratiquant l'attention*. Nous déterminons dans quelle direction nous voulons aller (Nage 40) et nous décrivons cette direction en choisissant soigneusement nos mots pour *le dire tel que nous le voulons* (ou tel que nous voulons que cela se passe).

En *le disant tel que vous le voulez*, vous créez quatre actions:
1. Vous donnez une direction claire à votre inconscient (ou « cerveau non-cognitif ») en utilisant vos raccourcis (filtres) mentaux (Nage 22).
2. Vous faites appel à la congruence en agissant déjà comme si (Nage 27).
3. Vous vous amorcez vous-même pour accomplir ce que vous voulez (Nage 39 et 43).
4. Vous exploitez à la fois les capacités cognitives et non-cognitives de votre cerveau en leur donnant exactement le même objectif.

Astuce et entrainement, Nage 47

Astuce ! Dites toujours les choses telles que vous les voulez.

Entrainement ! Disons que vous voulez éviter de vous fâcher contre quelqu'un. Au lieu de penser « Je ne veux pas me fâcher », concentrez-vous sur ce que vous voulez qu'il arrive à la place, par exemple : « Je veux rester calme » ou « Je veux être compatissant », etc. Veillez à :
1. parler au présent,
2. faire une phrase affirmative
3. et toujours utiliser le pronom « je » dans votre phrase.

Dans les jours à venir, écoutez-vous et notez les moments où vous *dites les choses telles que vous les voulez*, et ceux où vous ne le faites pas encore. Prenez alors un moment pour reformuler la phrase afin de *dire ce que vous voulez accomplir tel que vous voulez l'accomplir*.

Nage 48 : Utilisez des métaphores

Notre cerveau est un objet biologique fascinant. Il se divise en plusieurs cortex et plusieurs lobes : frontaux, pariétaux, occipitaux et temporaux. Chaque cortex est organisé en aires fonctionnelles (les aires de Brodmann). Il possède deux hémisphères connectés par les fibres nerveuses commissurales, la plus grande d'entre elles étant le corps calleux. Il est capable de traiter les mots et les langues ainsi que les images et l'art. Et même si la division entre hémisphère droit et gauche est bien moins nette qu'on ne le pensait au début, nous avons clairement deux façons différentes de métaboliser ce que nous vivons. L'une est très verbale, séquentielle et analytique et l'autre est plus globale, holistique et visuo-spatiale. On peut dire que notre cerveau parle deux langues. Et pourtant, au quotidien, la plupart d'entre nous n'utilisent activement que la langue rationnelle. Et oui, nous ne nous servons que d'une partie de nos capacités cérébrales.

Pour apprendre à parler la langue symbolique de notre cerveau, on s'entraine à raconter des histoires ; on pratique l'art des métaphores. Si vous connaissez l'univers de Carl Jung, c'est ce qu'on fait avec l'imagination active. Si vous connaissez celui de Milton Erickson, c'est également ce que l'on fait avec l'hypnothérapie et les suggestions indirectes.

Astuce et entrainement, Nage 48

Astuce ! Pour utiliser notre cerveau à plein, il nous faut apprendre à parler ses deux langues : celle rationnelle faite de mots et celle symbolique faite d'images. Les métaphores se connectent avec notre cerveau à un niveau symbolique, enclenchant ainsi des processus non-cognitifs.

Entrainement ! Pour certains d'entre nous, l'apprentissage de la langue symbolique peut paraître bizarre. Alors soyez patient avec vous-même et prenez cela comme en jeu, un jeu qui commence avec des dessins. Prenez donc un crayon et un papier et posez-vous cette question « Ce que j'aimerais voir se passer autour de moi, ça ressemble à quoi ? » Dessinez ce qui vous vient à l'esprit. Si ça vous aide, vous pouvez commencer par écrire des mots. Dessinez ensuite ces mots comme une étape 2. L'important, c'est d'exprimer ce qui vous vient à l'esprit sans le filtrer. Cela n'a peut-être aucun sens ? Okay. Ça reste bien ; ça reste utile. Ce sont les symboles que votre cerveau non-cognitif utilise et vous êtes en train d'apprendre cette nouvelle langue.

Nage 49 : Aimez vraiment

Si vous cherchez « l'expérience du riz » sur Internet, vous risquez d'être surpris par le nombre d'occurrences et par l'expérience elle-même : il s'agit d'un petit bocal de riz qui moisit sous l'influence de la phrase « Je te déteste » !

L'amour est une émotion forte. S'aimer soi-même est une force dont vous êtes en droit de profiter. Même si vous ne vous en rendez pas encore compte, vous avez toujours été là pour vous-même, chaque jour de votre vie (Nage 21). Et pour renforcer notre amour pour nous-mêmes, nous allons faire notre cinq étapes simples :

1. Apprendre à être patient et accepter de prendre notre temps.
2. Retarder la satisfaction de nos souhaits et plutôt penser négociation de situations gagnant-gagnant pour tous les aspects de notre être.
3. Manger, se reposer et dormir (et oui, c'est la Nage 45).
4. Reconnaître nos efforts et nous remercier pour l'effort accompli.
5. Nous respecter nous-mêmes.

En fait, l'étape 4 transforme la vie. C'est une étape importante vers le développement d'une *mentalité axée sur la croissance*. C'est la différence entre *donner le maximum* et *donner son maximum possible*. Nous en apprenons davantage lorsqu'il y a un effort à fournir que lorsque nous réalisons une tâche facilement. Le développement de la capacité à faire un effort et à le reconnaitre augmente notre résistance, notre résilience et notre détermination.

Astuce et entrainement, Nage 49

Astuce ! Un self-leadership solide implique d'éprouver un respect et un amour profonds pour soi-même. Ca commence par apprendre à reconnaitre nos efforts, nos échecs, en tirer des leçons et recommencer.

Entrainement ! L'exercice qui suit est emprunté aux travaux de Louise Hayes. Répétez chaque jour une même phrase de trois façons distinctes:
1. « Je m'aime, me respecte et me pardonne. »
2. « VOTRE PRÉNOM s'aime, se respecte et se pardonne. »
3. « VOTRE PRÉNOM NOM s'aime, se respecte et se pardonne. »

Notez dans votre carnet, sous forme de mots ou d'images, toutes les impressions qui vous viennent en répétant cette phrase.

Natation supplémentaire pour les plus motivés

Entrainement supplémentaire Nage 43, Choisissez vos mots – Écoutez votre dialogue intérieur, notez les phrases que vous utilisez et prenez du temps pour réécrire celles qui ne concordent pas avec l'idée de « faire équipe avec vous-même ».

Exemple : « Qu'est-ce que tu es stupide ! » pourrait devenir « Tu n'es pas encore aussi intelligent que nécessaire » ou « Tu seras plus malin la prochaine fois ». « Tu fais toujours tout de travers » devient « Tu le feras correctement la prochaine fois », etc.

Vous êtes en train de fusionner *choisir vos mots* avec *dire les choses telles que vous voulez qu'elles se passent*, ce qui vous donne un objectif et des aptitudes à travailler.

Entrainement supplémentaire Nage 47, Pratiquez l'attention – Pour que vous puissiez dire les choses telles que vous les voulez, construisez des phrases à partir de trois éléments-clés :
1. Parler au présent,
2. Faire une phrase affirmative,
3. Utiliser le pronom « je » dans la phrase.

Ainsi « Je ne veux pas avoir peur » peut devenir « Je veux être courageux » ; « Je veux parler plus fort », « Je veux être entendu », etc.

« Je ne veux pas hésiter » peut devenir « Je veux parler clairement et fort », « Je veux être précis », « Je veux être plein d'assurance », etc.

Entrainement supplémentaire Nage 48, Utiliser des métaphores – Imaginons que vous ayez un problème et que vous vouliez lui trouver une solution. Prenez alors un stylo, du papier et installez-vous pour dessiner ou écrire. Alors que vous lisez les questions qui suivent, dessinez ou écrivez tout ce qui vous vient à l'esprit, vraiment tout :
1. « Trouver une solution à mon problème », c'est comme quoi ?
2. Y a-t-il autre chose dans ce « trouver une solution à mon problème » ?

Ces questions formulées en *Clean Language* manquent délibérément de précision et utilisent des mots neutres comme « ce » et « quoi ». Plus votre langage est neutre, plus vous vous libérez des présuppositions et des conjectures.[26]

Un moment de réflexion dans l'aquarium

Ces Nages ont quelque chose de perturbant, c'est vrai. Asseyez-vous, détendez-vous et prenez un peu de recul avec ces trois questions simples :

1) Mes Nages préférées dans ce chapitre :

2) Qu'est-ce que je préfère dans la Nage « Pratiquer l'attention » ?

3) Qu'en est-il de la Nage « Aimer vraiment » ? Lisez la question suivante et dessinez votre métaphore : « Me respecter moi-même, c'est comme quoi ? »

8, Sept aptitudes tournées vers l'intelligence émotionnelle

Si vous n'êtes pas disposé à abandonner quelque chose de précieux, vous ne pourrez jamais véritablement changer car vous serez toujours contrôlé par ce que vous ne pouvez pas abandonner.

– Andy Law

De poisson à poisson

Nous voici riches de sept habitudes pour renforcer notre self-leadership ; et nous en avons besoin. Les rivières ne sont pas toujours calmes et faciles à naviguer. Elles peuvent être boueuses, froides, agitées, difficiles, chaudes, rapides, bruyantes, etc. Et nos façons de naviguer nos vie sont diverses. À partir des travaux d'Howard Gardner, un psychologue américain, nous pouvons explorer nos expériences au travers de neuf types d'intelligence[27] :

1. L'intelligence corporelle-kinesthésique : la coordination du corps et de l'esprit.
2. L'intelligence spatiale : la facilité à visualiser le monde en deux ou trois dimensions.
3. L'intelligence naturaliste : la compréhension de la nature et du système homme-nature.
4. L'intelligence musicale : la facilité à travailler avec les sons et à les reconnaitre.
5. L'intelligence linguistique : la facilité à trouver les mots justes pour exprimer ses idées.
6. L'intelligence logico-mathématique : la facilité à utiliser une pensée rationnelle.
7. L'intelligence intrapersonnelle : l'acceptation et le fait d'estimer celui ou celle que nous sommes.
8. L'intelligence interpersonnelle : l'acceptation et le fait d'estimer autrui.
9. L'intelligence existentielle : la compréhension du sens de la vie.

En renforçant notre self-leadership, nous développons en fait chacune de ces intelligences. Les Nages 43 et 47, par exemple, travaillent l'intelligence linguistique. Concentrons-nous maintenant aux intelligences intra- et interpersonnelles qui sont spécifiques à l'intelligence émotionnelle.

L'intelligence intrapersonnelle concerne la façon dont nous gérons notre personne, nos compétences et talents personnels. Et comme vous l'avez deviné, nous allons la relier à la conscience de soi. L'intelligence interpersonnelle a trait à l'organisation de nos relations avec autrui, nos aptitudes et compétences sociales. En combinant les deux, on obtient l'intelligence émotionnelle ou l'art de cultiver un équilibre émotionnel tout en sachant l'utiliser.

Déballons donc sept aptitudes nécessaires à l'intelligence émotionnelle.

Nage 50 : La conscience de soi

Le terme « conscience de soi » dit bien ce qu'il veut dire. Il implique une compréhension de ce que (ou de qui) est le soi et une capacité à en être conscient. Avec la Nage 10, nous avons défini que la conscience de soi s'accomplit par le monitoring du système moi-autres-environnement. Pour réaliser ce monitoring, nous disposons des informations puis du concept d'écoute du corps entier. Ajoutons le concept complémentaire d'*uptime/downtime*.

→ « Uptime » signifie que nous dirigeons notre attention sur tout ce qui nous est extérieur.
→ « Downtime » signifie que nous dirigeons notre attention sur tout ce qui est à l'intérieur de nous.

Vous vous souvenez de notre Nage 35, Quatre étapes vers un message ? Nous faisons appel au *downtime* quand nous accomplissons les étapes 1 et 2, c'est-à-dire le monitoring du moi alors que nous utilisons à la fois l'*uptime* et le *downtime* aux étapes 3 et 4. Avec la Nage 31, Une émotion, plusieurs sentiments, nous nous servons de l'*uptime* et du *downtime* alors que la Nage 32 demande plutôt du *downtime*. Ce monitoring du système moi-autres-environnement nécessite un aller-retour permanent entre *uptime* et *downtime*. Nous collectons ainsi des informations factuelles sur nos déclencheurs émotionnels ; un déclencheur émotionnel étant un événement externe ou interne, qui nous amène à ressentir une émotion.

Astuce et entrainement, Nage 50

Astuce ! Nous alternons continuellement entre *uptime* et *downtime* pour surveiller le système moi-autres-environnement ; ce qui nous permet de recueillir des informations factuelles sur nos déclencheurs émotionnels.

Entrainement ! Pour conduire, nous devons être en *uptime*. Quand nous nous concentrons sur la réalisation d'une tâche en lui accordant toute notre attention, nous passons en *downtime*. Commençons par apprendre à reconnaitre l'*uptime* et le *downtime*, au travers de notre quotidien. Pour les différencier, demandez-vous sur quoi votre attention se porte : sur vous-même et vos actions ou sur l'extérieur ? Voyez avec quel degré de facilité vous naviguez de l'un à l'autre. Décidez ensuite d'utiliser spécifiquement l'un ou l'autre. Qu'est-ce que cela change à ce que vous vivez ? Prenez l'habitude d'alterner les deux états délibérément.

Nage 51 : L'autorégulation

L'autorégulation désigne la régulation du soi. Le soi étant un concept dynamique (Chapitre 4), il y a des chances pour que sa régulation soit aussi dynamique et qu'elle fasse appel à une certaine adaptabilité aux situations et aux contextes. Une chose sûre, cette autorégulation va nous aider à cultiver notre équilibre émotionnel.

Revenons à l'étape 4 de la Nage 35 - Quatre étapes pour un message. Quand on comprend ce qui fait qu'une émotion est importante, cela déclenche des apprentissages qui ensuite nous ouvrent des choix. Comme le dit la voie bouddhique, « Il ne s'agit pas de ne pas éprouver d'émotion. Il s'agit plutôt d'envisager d'autres options pour traiter la situation de façon appropriée et efficace. » On peut voir l'autorégulation comme les quatre étapes étudiées à la Nage 35 auxquelles on ajoute une cinquième étape :

1. Reconnaître que l'émotion est là – grâce à des informations factuelles.
2. Nommer ou étiqueter l'émotion ou parfois le(s) sentiment(s).
3. Prendre un instant pour identifier ce qui l'a déclenchée – un déclencheur externe ou interne ?
4. Se demander « Qu'y a-t-il d'important dans le fait d'éprouver cette émotion maintenant ? » ou « Quelle information positive dois-je retirer de cette émotion/expérience ? »
5. Et enfin, « Que puis-je faire pour répondre au message ? », « Quelles autres réactions puis-je choisir pour arriver au même résultat ? »

Astuce et entrainement, Nage 51

Astuce ! L'autorégulation commence par la conscience de soi et s'achève par la flexibilité et l'adaptabilité. Nous développons notre curiosité pour trouver de multiples options émotionnelles parmi lesquelles nous pouvons ensuite choisir une réaction aux situations et aux contextes.

Entrainement ! À partir de la Nage 35, explorons plus avant la question : « Qu'y a-t-il d'important dans le fait d'éprouver cette émotion maintenant ? ». En repensant à une situation passée, demandez-vous « Qu'y avait-il d'important dans le fait d'éprouver cette émotion à ce moment-là ? » Répétez cette question plusieurs fois jusqu'à ce que vous ayez identifié toutes les réponses possibles. Reformulez alors ces réponses en disant les choses telles que vous les voulez (Nage 47). Si des réponses vous viennent sous forme de métaphores, bien ! (Nage 48).

Nage 52 : États mentaux

L'autorégulation a tendance à être *énergivore*. Elle en demande beaucoup à notre cerveau, en particulier à notre cortex préfrontal, siège de la concentration, de la détermination et de la volonté. C'est l'une des raisons pour lesquelles le sommeil est si important. Pendant que nous dormons, le cerveau est inondé de liquide cérébrospinal qui agit comme une solution nettoyante et permet au cerveau de renouveler son énergie[28]. Mais soyez rassuré. Plus on pratique l'autorégulation, plus c'est facile.

Jusqu'à présent, nous avons pratiqué cette autorégulation de façon réactive (en réaction aux situations). Et si nous l'utilisions de façon proactive ? Si nous choisissions à l'avance les émotions que nous voulons éprouver ? Pour cela, nous allons élargir nos capacités proactives en nous appuyant sur la notion d'état d'esprit (Nage 33) pour développer ce que j'appellerai des *états mentaux*. Nous allons même bâtir une bibliothèque d'états mentaux auxquels nous pourrons avoir recours ; chaque état nécessitant des aptitudes, des actions, des émotions et une physiologie spécifiques. En fait, nous avons déjà commencé ce travail en mettant en place les sept habitudes de notre kit de survie. Il définit notre *état mental de self-leadership par défaut*. Et si vous vous intéressez à la philosophie bouddhiste (modèle tibétain), vous y trouverez une liste de 51 états mentaux à travailler.

Astuce et entrainement, Nage 52

Astuce ! Un état mental est lié à des aptitudes, des actions, des émotions et une physiologie spécifiques. En choisissant de nous mettre dans un certain état mental, nous en appelons spécifiquement à ses propriétés. Nous bâtissons notre bibliothèque d'états mentaux à partir de ceux que nous éprouvons naturellement et d'autres états que nous construisons.

Entrainement ! Relisez le nom des états d'esprits que vous avez explorés avec la Nage 33. Ce sont des états mentaux spontanés, les premiers éléments de votre bibliothèque. Maintenant relisez votre liste de rôles modèles (Nage 42). Il y a fort à parier que « En quoi ces modèles sont-ils importants pour vous ? » puisse être associé à des états mentaux spécifiques. Donnez un nom à chacun de ces nouveaux états mentaux. C'est la deuxième série d'états mentaux de votre bibliothèque. Enfin, associez une image forte à chaque état mental. Lorsque vous évoquez cette image dans votre esprit, prenez le temps de goûter la sensation induite par l'état mental que vous avez choisi.

Nage 53 : La motivation

Comme le mot « émotion », « motivation » vient du latin *movere*. La motivation renvoie à la création d'un mouvement. Nous oublions souvent que la motivation est une opération ou une réaction brève qui fait démarrer le mouvement. Ce qui est intéressant, c'est de savoir comment entretenir cette motivation. Il s'agit généralement d'un processus en quatre étapes :

1. Nous répondons à un déclencheur : quelque chose que nous voyons, entendons, goûtons ou ressentons, soit intérieur, soit extérieur à nous.
2. Nous associons ce déclencheur à des images mentales où nous voyons spontanément le résultat de la réalisation d'une action.
3. Quand cette image correspond à certains critères (parfois dissimulés dans notre esprit), la motivation naît et nous commençons à agir.
4. Avec cette action, nous générons une émotion ou des sentiments. Pour entretenir notre motivation, cette émotion doit soutenir l'étape 3, assurant une vérification continue dans les coulisses de notre esprit.

On voit ici combien la conscience de soi joue un rôle important dans les étapes 1 et 3, alors que l'on passe souvent par l'étape 2 sans réfléchir. L'image mentale que nous visualisons va soit nous faire avancer vers quelque chose (*en direction de*), soit nous en éloigner (*à l'opposé de*). Pour que *la motivation* soit facile à *entretenir*, il faut que l'image de l'étape 2 soit *en direction de*. Ainsi, plus vous agirez, plus vous vous rapprocherez du résultat et plus votre motivation s'en trouvera renforcée.

Astuce et entrainement, Nage 53

<u>**Astuce !**</u> Nous avons tous des stratégies motivationnelles. Quelles qu'elles soient, elles comprennent toujours une boucle de rétroaction (l'étape 3 ci-dessus). Pour entretenir votre motivation, créez des boucles de rétroaction positives qui vous fassent avancer vers quelque chose.

<u>**Entrainement !**</u> Prenez des choses que vous avez faites récemment et observez dans quelle direction vous avez nagé. Était-ce *en direction de* ou *à l'opposé de* quelque chose? Concentrez-vous sur les situations où vous avez nagé *à l'opposé de*. Pour chacune d'entre elles, demandez-vous plusieurs fois : « Quand je m'éloigne de ça, vers quoi vais-je ? » Notez vos réflexions. Prenez le temps d'écrire ces réflexions comme vous les voulez (Nage 47). Vous venez de transformer une motivation *à l'opposé de*, en motivation *en direction de*. Sympa, n'est-ce pas ?

Nage 54 : L'empathie

Avec le mot « empathie », nous pénétrons dans le domaine de l'intelligence interpersonnelle et nous orientons notre attention sur les autres à l'intérieur de notre système moi-autres-environnement. Il est probable que ce qui arrive à autrui influence les 10% dont nous avons parlé au chapitre 7, c'est-à-dire ce qui nous arrive à nous. En revanche, nos relations avec les autres vont influencer les 90% restant : nos réactions aux situations.

L'empathie est la conscience des besoins et des sentiments d'autrui. Le fait de ressentir de l'empathie nous aide à saisir le vécu des autres et à créer un lien plus solide avec eux. La réfutation du mythe de la compréhension que nous avons opérée avec la Nage 9 nous fournit un outil d'empathie. Lorsque nous nous efforçons de concevoir la situation d'autrui, nous reconnaissons les émotions et les sentiments de cette personne. Nous les respectons et les acceptons même quand nous ne sommes pas d'accord avec la personne ou avec la situation générale. L'acuité que nous avons développée à travers la conscience de soi, par exemple en pratiquant l'*uptime*, est un autre outil d'empathie. Grâce à lui, nous accordons notre attention totale à autrui pour relever des informations factuelles fondées sur des indices parfois très subtils tels que des indices non-verbaux, des micro-expressions faciales ou des informations verbales manquantes. Notre capacité à ressentir de l'empathie est partiellement liée au fait que nous possédons des neurones miroir qui déchargent quand nous regardons autrui faire quelque chose. Cela crée une sorte d'expérience virtuelle en 3D dans notre esprit et nous permet d'éprouver ce que ressent cette personne.

Astuce et entrainement, Nage 54

Astuce ! Ressentir de l'empathie nous aide à saisir comment les autres vivent leur vie, et améliore notre communication et notre lien à autrui.

Entrainement ! Revenons à l'*uptime* (Nage 50). Cette fois-ci, concentrez-vous uniquement sur les gens. Soyez particulièrement attentifs à leurs gestes, à leur ton, aux mots qu'ils prononcent et à leurs expressions faciales. Prenez l'habitude de toujours prêter attention à ces sources d'informations factuelles.

En outre, étirez vos muscles faciaux chaque jour pendant 2 à 5 minutes. Plus vos propres muscles faciaux seront souples, mieux vous réussirez à identifier les expressions faciales d'autrui.

Nage 55 : Les aptitudes sociales

Vous, moi, vos voisins, nous sommes tous programmés à être social ; et le besoin de communication et son usage sont inscrits en nous. Une personne privée de communication devient folle. Le développement psychologique et social d'un enfant privé de communication ralentit voire s'arrête. L'exercice de l'influence, la résolution des conflits, l'encadrement d'équipe, la gestion du changement, la collaboration, la coopération, le charisme sont toutes des aptitudes sociales importantes qui nécessitent de communiquer d'une façon ou d'une autre. Et une bonne communication se définit moins par ce qui est dit que par ce qui est compris. L'effort va dans les deux sens ; chacun de son côté, l'émetteur et le récepteur faisant la moitié du travail. Néanmoins, le récepteur, qui a l'action finale, a l'avantage.

Explorons de plus près ces canaux de communication dont nous disposons pour communiquer notre message. Il y en a beaucoup, comme :

→ Le canal verbal : le « quoi », les mots, les langues
→ Le canal non-verbal : le « comment », le corps, la voix, la gestuelle
→ Le canal situationnel : le « où »
→ Le canal temporel : le « quand », etc.

Même les vêtements que vous avez choisis peuvent constituer un canal de communication. La règle est simple : établissez des canaux de communication aussi neutre que possible ou bien adroitement chargé d'intentions. Mais évaluez toujours leur impact.

Astuce et entrainement, Nage 55

<u>**Astuce !**</u> Pour que la communication passe bien, essayez autant que possible de réduire les interférences et appuyez-vous sur tous les canaux de communication disponibles, qu'il s'agisse d'une pièce, d'un créneau horaire, d'une ambiance, d'une gestuelle, d'une expression faciale, d'un choix de vêtement, d'un choix de format, etc.

<u>**Entrainement !**</u> Combien de canaux de communication utilisez-vous activement ? Rappelez-vous de quelques situations récentes où la communication était importante. Relevez les canaux de communication que vous avez utilisés sans y penser activement. Votre attitude en fait partie, de même que votre état mental en un jour particulier, les émotions que vous éprouviez à ce moment-là, etc. Notez vos observations dans votre carnet. Quelles idées cela vous donne-t-il ?

Nage 56 : Le courage

Vous vous souvenez de la Nage 35 - Quatre étapes vers un message ? La peur, bien plus que n'importe quelle émotion, est un message. Elle nous informe généralement de dangers imminents. Elle nous rappelle d'être vifs, intelligents et forts, et nous motive donc à développer notre courage. Il existe bien sûr plusieurs types de courage : le courage d'acquérir de nouvelles aptitudes, de s'affirmer, de reconnaître que nous ne sommes pas encore au point, d'être différent, d'agir, de devenir nous-mêmes, etc.

Que diriez-vous alors de sept étapes pour renforcer notre courage ?

1. Se demander « Quelle est l'intention positive derrière cette peur ? » (Nages 28, 35). Les réponses nous donnerons des aptitudes à travailler.
2. Pratiquer l'attention et dire les choses telles que nous les voulons (Nage 47). Nous travaillons ainsi sur les aptitudes à développer et sur les résultats attendus (Nage 40).
3. Utiliser son kit de survie (Chapitre 3). Nous observons, restons dans l'instant, notre attention sur les faits, pour éviter l'anxiété (Nage 34).
4. Ajouter l'autorégulation. Nous maintenons la peur à un certain niveau (Nage 51).
5. Faire équipe avec soi-même. Nous écoutons cette peur et cherchons d'autres options pour répondre à son intention positive (Nage 44).
6. Garder une mentalité axée sur la croissance. Nous pensons effort et apprentissage au fur et à mesure (Nages 41, 46).
7. Établir un état mental correspondant à *être courageux*. Nous utilisons des mots, des métaphores, des dessins (Nages 48, 52).

Faire preuve de courage est à la fois une aptitude et un facteur d'aptitude. La peur nous prévient que nous sortons de nos sentiers battus ; le courage nous aide à faire le chemin ; et le mythe de la confiance que nous avons réfuté (Nage 13), nous donne une force supplémentaire.

Astuce et entrainement, Nage 56

Astuce ! Nous faisons preuve de courage depuis la naissance. Pour passer de la peur au courage, nous nous concentrons sur des aptitudes à développer et des résultats à atteindre.

Entrainement ! Pensez à des situations où vous avez éprouvé de la peur ou de l'anxiété et appliquez notre processus en sept étapes ci-dessus. Avec l'étape 7, nous ajoutons des états mentaux dans notre bibliothèque.

Natation supplémentaire pour les plus motivés

Entrainement supplémentaire Nage 54, L'empathie – Avec cet exercice de « positions perceptuelles », nous découvrons une approche en huit étapes pour explorer une situation selon différents points de vue :

1. Définissez clairement quatre positions dans la pièce et appelez-les « 1ère position », « 2e position », « 3e position » et « position neutre ». Vous pouvez placer une étiquette à chaque endroit.
2. Mettez-vous debout sur la position neutre et pensez à une situation où vous voudriez être plus empathique envers quelqu'un. Prêt ? Vous avez la situation et le contexte bien en tête ? Parfait.
3. À présent, rendez-vous physiquement en première position. Elle concerne *votre point de vue* et le regard que vous portez sur la situation. Tout en considérant la situation depuis cette première position, notez tout ce qui vous paraît pertinent ou intéressant.
4. Quand vous avez terminé, quittez la première position et revenez à votre point de départ - la position neutre. Respirez profondément à plusieurs reprises sur la position neutre.
5. Ensuite rejoignez la deuxième position. Ici, il s'agit d'imaginer *comment est la situation quand vous êtes l'autre personne*. En vous déplaçant physiquement pour rejoindre la deuxième position, mettez-vous dans la peau de l'autre personne et considérez la situation comme si vous étiez cette personne et que vous voyiez tout avec ses yeux. Notez tous les éléments pertinents qui vous viennent à l'esprit.
6. Quand vous avez terminé, quittez la deuxième position et revenez à votre point de départ - la position neutre.
7. Ensuite, déplacez-vous physiquement pour rejoindre la troisième position, celle de *l'indépendant* ou de *l'observateur*. En même temps, pénétrez dans la tête d'un observateur objectif, d'un passant et observez la situation comme si vous voyiez tout pour la première fois, sans connaître aucun des protagonistes. Notez tout les éléments pertinents.
8. Enfin, replacez-vous sur la position neutre. De nouveau, respirez profondément à plusieurs reprises. Puis, tout en allongeant vos respirations, faites l'inventaire de toutes les informations recueillies sur chaque position.

Vous pouvez parfois ne considérer qu'un seul point de vue. L'important, c'est de toujours commencer sur la position neutre. Lorsque vous vous y placez, l'idéal est que vous adoptez votre posture de self-leadership par défaut (Chapitre 3, Nage 16, Le Kit de survie).

Un moment de réflexion dans l'aquarium

Nous avons fait émerger l'intelligence émotionnelle petit à petit, en tirant des leçons de nos expériences avec courage. Prenons un petit temps de réflexion avec ces trois questions simples :

1) Mes Nages préférées dans ce chapitre :

2) Ce que j'ai appris sur l'intelligence émotionnelle avec ces sept Nages :

3) Les Nages que je voudrais approfondir :

Félicitations!

Vous venez d'atteindre le niveau 2 du self-leadership

Niveau 1
*Vous savez que vous avez une capacité innée au self-leadership.
Vous avez réfuté sept mythes, améliorant votre aptitude au self-leadership.
Vous possédez un kit de survie et avec lui, sept habitudes de self-leadership.*

Et MAINTENANT, le Niveau 2
*Vous avez exploré sept aspects d'un soi dynamique, toujours en évolution.
Vous avez découvert sept éléments constitutifs des émotions.
Vous avez plongé sept fois dans la rivière de la flexibilité à l'inspiration.
Vous pratiquez assidument vos habitudes pour collaborer avec vous-même.
Vous avez découvert sept aptitudes liées à l'intelligence émotionnelle.*

9, Nager dans des eaux agitées

> Généralement, ce que nous craignons le plus correspond à ce que nous avons le plus besoin d'accomplir. Comme je l'ai entendu dire un jour, la réussite dans la vie se mesure au nombre de conversations déplaisantes qu'on a accepté d'avoir. Décidez de faire chaque jour quelque chose qui vous effraie.
>
> – Timothy Ferriss

De poisson à poisson

La vie est rarement faite d'une succession de nages faciles. En tout cas, si elle l'est pour vous, c'est que vous êtes soit une exception, soit un miracle. Le plaisir de la vie se trouve peut-être aussi au-delà des eaux calmes. Cela nous maintient sur le qui-vive, notre curiosité toujours en éveil.

Mais alors qu'est-ce que cela signifie pour notre self-leadership ? Simplement acquérir la capacité de nager quel que soit l'état des eaux qui nous entourent, qu'elles soient calmes ou agitées. Et lorsque les eaux commencent à s'agiter, le self-leadership consiste à :

1. Rester stable dans la compréhension de *notre identité* et de *nos capacités*.
2. Faire preuve de souplesse pour continuer à conduire *celui ou celle que nous sommes là où nous voulons aller*, vers nos fameux horizons.
3. Et enfin, garder *cette destination* comme une balise, un peu comme le nord d'une boussole.

Ces trois étapes se produisent souvent simultanément, spécialement quand les eaux s'agitent vraiment. Cependant, nous devons placer l'étape 1 juste un peu avant les deux autres pour qu'elle nous serve de bouée très solide qui va nous soutenir. Elle nous donnera la clarté d'esprit dont nous avons besoin pour appliquer les étapes 2 et 3.

Nous allons travailler ce point 1 à travers chaque Nage de ce chapitre en nous appuyant sur les aptitudes acquises précédemment pour développer ainsi : résilience, concentration et détermination, réflexion et apprentissage rapide, équilibre et stabilité, capacité à rester dans l'instant présent et vision des étapes à venir.

Quand les eaux commencent-elles à s'agiter ?

Quand vous êtes confronté à une situation qui vous désarçonne ou présente des défis supplémentaires. Il peut s'agir de mener des négociations difficiles, de recevoir une mauvaise nouvelle, d'animer des réunions compliquées, d'adhérer à des cercles sociaux dans la vie réelle, de gérer des situations déclenchant de fortes réactions émotionnelles, de vivre un changement professionnel, etc. C'est VOUS qui le définissez. Et ce chapitre est consacré aux eaux que VOUS trouvez agitées.

Nage 57 : Utilisez votre kit de survie

Notre kit de survie est également un kit de premiers secours. Et vous voulez transformer ces sept habitudes en une assise qui ait le pouvoir de vous détourner d'une réaction émotionnelle immédiate pour vous orienter vers une réaction différée et choisie. Et oui, les sept habitudes de notre kit de survie servent à nous faire prendre du recul et à nous ouvrir à une réflexion critique en nous permettant de rester calmes et centrés.

1. **Respirez et buvez.** Non seulement cela permet d'oxygéner notre cerveau mais cela maintient une détente du corps et de l'esprit et nous oblige à faire une pause. C'est le premier pas de la prise de recul.
2. **Adoptez votre position par défaut.** Elle vous ramène au moment présent et vous soutient grâce à un ancrage physique concret.
3. **Restez en éveil.** Observez tout ce qui vous entoure, votre environnement et la situation. Cette récolte d'informations factuelles est le deuxième point nécessaire à la prise de recul.
4. **Restez détendu.** Servez-vous de votre respiration et de votre posture par défaut pour rester entièrement détendu. Faites délibérément des gestes plus lents pour dire à votre corps « C'est moi qui décide », ce qui vous donnera du temps pour réfléchir.
5. **Reconnaissez vos émotions.** Enregistrez dans votre esprit le message que l'émotion vous envoie et cherchez vite son intention positive. C'est la troisième étape de la prise de recul et avec la recherche de solutions.
6. **Restez en mouvement.** Après avoir pris du recul, nous détournant ainsi de réactions émotionnelles, nous pouvons choisir une action. En restant en mouvement, nous gardons un contrôle sur certains résultats.
7. **Faites équipe avec vous-même** Soyez votre meilleur partenaire.

Astuce et entrainement, Nage 57

<u>**Astuce !**</u> En utilisant notre kit de survie nous nous détournons d'une réaction émotionnelle immédiate pour nous orienter vers une réaction différée et choisie.

<u>**Entrainement !**</u> Chaque jour, dans n'importe quel type de situation, prenez un peu de temps pour passer en revue les sept habitudes de votre kit de survie et vous consacrer à leur mise en application, l'une après l'autre. Répétez cet exercice aussi souvent que possible pour le transformer en réflexe.

Nage 58 : Arrêtez de réfléchir

C'est le matin, il ne fait pas très beau et vous regardez par la fenêtre à la recherche de quelque chose de précis. Dans votre tête, vous entendez les mots « Il faut que je comprenne », comme un mantra. « Si je comprends, je pourrai décider. Si je comprends, je pourrai agir. » Mais vous restez là, vous continuez à cogiter en vous enfonçant de plus en plus dans les profondeurs d'un monde analytique.

La réalité de ce moment ? Vous êtes probablement en train de tourner en rond ; un peu comme un chien qui court après sa queue. On répète les mêmes arguments, les mêmes informations sans fin, interrompant ainsi l'action et le mouvement. Et pourtant, nous le savons : le mouvement est partout et tout est mouvement. Une pensée, de même qu'un souvenir, est un mouvement, un signal neuronal envoyé d'une région du cerveau à l'autre. Et sans mouvement, impossible d'avoir de nouvelles informations.

Pour éviter ainsi de tourner en rond, nous devons apprendre à arrêter de réfléchir. Pour cela, nous nous concentrons à créer du mouvement. Nous commençons souvent par la création d'un mouvement physique. Il va conduire simplement à un changement de contexte ou à l'interruption d'un scénario répétitif. Cela nous redonne un peu de contrôle sur la situation. Et surtout, l'action va déclencher la compréhension que nous cherchions précédemment ; mais au lieu de la rechercher, nous allons la recevoir.

Astuce et entrainement, Nage 58

Astuce ! Apprenez à arrêter de réfléchir et attachez-vous à créer du mouvement. Un simple mouvement physique, comme la décision d'aller dormir, suffit souvent à interrompre des scénarios répétitifs.

Entrainement ! Commençons par une technique de brainstorming simple en trois étapes :

1. Écrivez une question à laquelle vous avez réfléchi sur une feuille de papier et notez les réponses et les idées qui vous viennent spontanément.
2. Une fois que vous avez fini, laissez le papier sur la table et allez vous promener pendant 10 à 15 minutes. Si possible, sortez marcher et rêvassez.
3. Revenez à votre papier et passez 10 à 15 minutes à approfondir votre recherche d'idées. Répétez les étapes 2 et 3 si nécessaire.[29]

Nage 59 : Appliquez les trois Fs de l'apprentissage

Les eaux sont agitées et votre estomac fait les montagnes russes. Malgré tout, vous voulez tirer des leçons de cette expérience. Vous savez qu'alors seulement vous aurez acquis les compétences nécessaires pour garantir deux choses : un, que vous ne répéterez pas cette même situation, et deux, que vous avez renforcé votre self-leadership. Et pour cela vous avez besoin de trouver l'apprentissage positif.

On parle en effet d'apprentissage positif ou négatif. Un apprentissage négatif, c'est par exemple « Je ne veux plus faire cela ». Et il ne nous dit rien des compétences dont nous aurions besoin pour y arriver. Alors qu'un apprentissage positif, qui ressemble à « À partir de maintenant je veux faire ceci », nous donne une idée d'une compétence ou d'une direction sur laquelle se concentrer.

Un apprentissage positif se formule par une phrase *Affirmative* écrite au *Présent*, avec « *Je* » en sujet. Et j'utilise le sigle APJ comme moyen mnémotechnique. Explorons donc les trois Fs de l'apprentissage positif :

1. **Foirer**. Vous avez tout simplement foiré et les résultats ne sont pas là. Ok. Un raté correspond à *Reconnaitre un Apprentissage à Travers une Expérience*. Reconnaissez la situation et faites une pause.
2. **Feedback**. Posez-vous la question suivante « Quelle leçon importante puis-je tirer de cette expérience ? », et notez les réponses qui vous viennent à l'esprit jusqu'à avoir formulé une ou plusieurs phrases APJ.
3. **Futures étapes**. Posez-vous cette nouvelle question : « Par quelles étapes vais-je passer pour donner suite aux phrases APJ de l'étape 2 ? » Identifiez ainsi vos futures actions pour développer vos compétences.

Avec ces trois Fs d'un apprentissage positif, nous développons notre mentalité axée sur la croissance, notre adaptabilité et notre neuroplasticité autodirigée.

Astuce et entrainement, Nage 59

Astuce ! Un apprentissage positif se formule toujours par une phrase APJ : une phrase affirmative écrite au présent, avec « je » en sujet.

Entrainement ! Revisitez des choses que vous avez *foiré* récemment, et appliquez les trois Fs des apprentissages positifs. Prenez votre temps, en particulier à l'étape 2, et dressez bien un plan d'actions avec l'étape 3.

Nage 60 : Pratiquez la stabilité

De même que nous avons appris à pratiquer l'attention avec la Nage 47 en formulant les choses telles que nous les voulons, nous allons maintenant apprendre à pratiquer la *stabilité*. Lorsque tout se mettra à tourbillonner et à se déplacer à grande vitesse autour de nous, nous disposerons alors d'un ancrage solide. Voyez la stabilité comme une bouée qui nous aide à garder la tête hors de l'eau. Cette bouée, c'est vous, votre connaissance de votre identité, de vos capacités, et la confiance que vous mettez dans ce savoir.

Comment s'exercer à *Pratiquer la stabilité* ? Très méthodiquement, en nous servant de notre corps et en suivant un processus en cinq étapes :

1. Avec votre corps, prenez votre posture par défaut (Nage 16). Si nécessaire, repensez à la métaphore associée à cette posture.
2. Concentrez-vous sur les sensations et impressions que vous êtes en train de créer, en particulier les impressions de force, fermeté et stabilité associées à cette posture par défaut. Verrouillez tout cela dans votre esprit, par exemple en claquant des doigts (ou autre mécanisme).
3. Trouvez maintenant une phrase répétitive pour décrire ce que vous essayez d'accomplir en disant les choses telles que vous les voulez. Voici par exemple l'une de mes phrases : « Je pratique une stabilité émotionnelle et physique à chaque instant de la journée. »
4. Répétez les étapes 1 à 3 plusieurs fois par jour pendant sept jours ou plus jusqu'à ce que vous soyez persuadé que l'habitude est acquise.
5. En cas de doute, revenez toujours à votre corps et à son lien au sol pour renouveler votre ancrage dans des informations factuelles.

En fait, la stabilité est un nouvel état mental que nous faisons entrer dans notre bibliothèque d'états mentaux (Nage 52).

Astuce et entrainement, Nage 60

Astuce ! Pratiquer la stabilité, c'est pratiquer avoir une confiance profonde dans la connaissance de notre identité, de nos capacités et de l'endroit où nous voulons aller. Cette connaissance est indépendante du contexte et des situations, et agit comme une bouée à laquelle nous pouvons nous ancrer.

Entrainement ! Pratiquez chaque jour le processus en cinq étapes décrit ci-dessus jusqu'à ce qu'il devienne une habitude et que vous puissiez vous replacer dans l'état mental de stabilité n'importe quand.

Nage 61 : Cherchez les faits

Notre cerveau est un drôle d'outil. Il ne voit pas ce qui est vraiment sous nos yeux. Il voit ce qu'il s'attend à voir en fonction de nos connaissances, de nos expériences passées et de nos attentes. Les illusions d'optique par exemple sont possibles uniquement parce que le cerveau prédit ce qu'il va voir. D'une certaine façon, nous voyons ce que nous projetons, de la même façon que nous projetons ce que nous voyons. On s'y perdrait, n'est-ce pas ? Pour réactivez vos connaissances, revoyez les Nages 22, 23, 27 et 39.

C'est pour cela qu'en dernière étape du processus de la Nage 60, nous lisons « En cas de doute, revenez toujours à votre corps et à son lien au sol pour renouveler votre ancrage dans des informations factuelles. » Ces informations factuelles nous relient à ce qui se passe vraiment et nous aident à voir toutes les informations disponibles. Rechercher les faits, c'est laisser de côté l'interprétation d'une situation pour se concentrer sur ce qui se passe vraiment et donc sur les actions qui peuvent être réalisées.

Quatre actions permettent de faciliter cette démarche :

1. Revenir dans l'instant présent (Nage 16, 57 ou 60, étapes 1 et 5).
2. Faire une pause et respirer profondément et régulièrement pour obliger notre esprit à ralentir.
3. Lire la situation en recherchant uniquement des faits et des informations factuelles, tout en remettant en cause nos suppositions.
4. Remplacer le mot « pourquoi » par « Qu'est-ce qui est important dans cette situation ? » Le mot « pourquoi » nous entraine vers le rationnel alors que « qu'est-ce que ? » nous incite à chercher les faits.

Astuce et entrainement, Nage 61

Astuce ! Chercher les faits, et avec l'information factuelle, permet d'oublier l'interprétation d'une situation et d'ébranler nos conjectures. Cela évite de prendre les choses personnellement et renforce notre confiance en nous-mêmes, un bel effet secondaire du self-leadership.

Entrainement ! Revisitez des situations vécues récemment et relisez-les en cherchant uniquement les informations factuelles. Notez bien tous les faits dont vous vous souvenez ; et veillez à vraiment séparer les faits de l'interprétation. Quels nouveaux choix de réaction voyez-vous maintenant ? Dressez-en la liste. Elle pourra vous être utile la prochaine fois que vous vous trouverez dans une situation similaire.

Nage 62 : Pratiquez le recadrage

Notre cerveau est vraiment un drôle d'outil. Il aime prendre des raccourcis et filtrer nos expériences en fonction d'une banque de données construite sur des événements passés. Nous pouvons ainsi réfléchir rapidement et accomplir toutes les tâches de notre quotidien. Cette banque de données cérébrale est en réalité une collection de références qui donnent un cadre à notre vécu. Certains de ces cadres constituent un arrangement complexe de valeurs et croyances incontestées. Prenez les optimistes. Ils voient la vie à travers un cadre positif alors que les pessimistes font le contraire. Le recadrage consiste à considérer la situation à travers un cadre différent. En faisant cela, nous remettons en cause nos suppositions et nos attentes immédiates. Étudions plusieurs cadres utiles :

1. *Le sens* – Qu'est-ce que cette situation ou ce comportement pourrait vouloir dire d'autre ?
2. *Le contexte* – Où et quand ce comportement ou cette situation pourrait être utile ?
3. *L'apprentissage positif* – Quelle information positive puis-je tirer de tout cela ?
4. *L'humour* – Qu'y a-t-il de drôle là-dedans ?
5. *La solution* – Que serais-je en train de faire si j'avais résolu le problème ? Pourrais-je le faire tout de suite ?
6. *La possibilité* – Quelles opportunités cette situation ou cette expérience renferme-t-elle ?
7. *Comme si* – Interrogez la situation comme si le résultat désiré avait été atteint.
8. *Le super-héro* – Que penserait l'un de mes super-héros ? Quel regard aurait-il/elle ? Comment aborderait-il/elle cette expérience ?

Astuce et entrainement, Nage 62

Astuce ! Le recadrage consiste à considérer la situation à travers un cadre différent, afin d'ouvrir la porte à de nouvelles idées et de nouveaux choix. On pratique le recadrage en posant des questions.

Entrainement ! Revenez aux situations identifiées avec la Nage 61. Quel cadre spontané a déterminé vos impressions ? Revisitez chaque situation en utilisant les huit cadres listés ci-dessus. Inscrivez au fur et à mesure tous les nouveaux choix de réaction désormais à votre disposition. Comment pouvez-vous utiliser cela dans les jours à venir ?

Nage 63 : Gardez un œil sur l'horizon

Regarder l'horizon, c'est identifier quelque chose devant nous qui peut donner de l'énergie et une direction aux mouvements que nous créons (Nage 40). Garder un œil sur l'horizon, c'est entretenir la motivation et le mouvement qui y conduit. On définit deux types d'horizon.

1. *Les horizons à court terme* : ce sont des buts ou objectifs souvent associés à des activités précises et à un calendrier. Exemples : obtenir une certification d'ici telle date, écrire un livre d'ici telle date, etc.
2. *Les horizons à long terme* : il s'agit plutôt d'intentions, parfois un peu floues, associées à une orientation ou à une raison d'être. Elles sont mouvantes, fluides et pas vraiment liées à un calendrier précis. Exemples : je veux que ma vie ait un impact positif ; je veux aider les gens à être plus heureux.

D'une certaine façon, ce sont nos horizons à long terme qui orientent la nage. Nos horizons à court terme sont comparables à des escales en route. Idéalement, vu qu'ils correspondent à des fins différentes, il faudrait en permanence avoir des éléments des deux à l'esprit.

Pour définir vos horizons, commencez par la Nage 40. Le fait de se concentrer sur un horizon physique rappelle à notre cerveau qu'il peut se projeter dans l'avenir. Ensuite, en utilisant la Nage 47, Pratiquez l'attention, nous décrivons nos horizons *tels que nous les voulons* avec une phrase APJ (Affirmative, au Présent, avec « Je »). Enfin, nous associons une image à nos horizons, toujours en nous appuyant sur nos phrases APJ (Nage 53). Pour bien garder un œil sur l'horizon, remettez-vous régulièrement cette image en tête et répétez vos phrases APJ.

Astuce et entrainement, Nage 63

Astuce ! En gardant un œil sur l'horizon, nous entretenons notre motivation et restons en mouvement dans la direction désirée. Nous renforçons aussi notre détermination, notre volonté et notre persévérance.

Entrainement ! Commençons par un jeu faisant appel à l'ensemble de notre cerveau comme dans la Nage 48. Prenez un stylo et du papier (votre carnet ou une feuille volante) et dessinez ce qui vous vient à l'esprit quand vous lisez les questions suivantes l'une après l'autre : « Mes horizons sont comme quoi ? » et « Si je connaissais mes horizons, que seraient-ils ? »

Natation supplémentaire pour les plus motivés

Entrainement supplémentaire Nage 60, Pratiquez la stabilité, en utilisant notre corps – Nous savons que nous avons un corps (Nage 4) mais ce corps est peut-être complètement dispersé - à la façon du cubisme de Picasso - la tête dans les nuages, l'esprit dans le brouillard et le corps perdu dans la jungle, incapable de ressentir ce qui se passe autour de vous. Quand cela arrive, il nous faut un moyen simple de réunifier corps et esprit.

1. Inspirez, expirez et buvez un peu d'eau.
2. Ensuite, regardez vos deux pieds et le sol sur lequel vous vous tenez debout ou si vous êtes assis, regardez vos pieds posés au sol.
3. Regardez vos mains et enfoncez-vous davantage dans votre siège, le dos contre le dossier, les pieds contre le sol, etc.
4. Recherchez des informations sensorielles factuelles associées à votre corps physique. Le siège est-il dur ? Le sol est-il mou ?
5. Utilisez votre respiration pour vous connecter à votre poitrine et à votre ventre. Respirez profondément et portez votre attention sur le mouvement de votre ventre, l'ouverture de votre poitrine, etc.
6. Visualisez un arbre peut-être, vos pieds comme des racines.
7. Ou bien un gros rocher, solide et robuste devant l'eau qui monte.
8. Petit à petit, devenez une partie intégrante de la pièce en ancrant votre stabilité sur des éléments physiques. Concentrez-vous sur la pièce, sur tout ce qui s'y passe, et cette sensation d'en faire partie.

Avec cette routine, vous vous enracinez dans l'instant, dans le temps et l'espace, permettant à votre cerveau l'accès à des ressources existantes.

Entrainement supplémentaire Nage 63, Gardez un œil sur l'horizon – Revoyez les dessins que vous avez faits en sachant bien que leur style et leur contenu correspondent toujours à ce dont vous avez besoin. Étudiez-les l'un après l'autre et notez rapidement tous les mots qui vous viennent à l'esprit. Ensuite, avec votre main non-dominante, écrivez lentement certains de ces mots-clés.

À présent, allez faire une petite promenade et rêvez tout éveillé.

Ensuite, utilisant les mots de votre liste, écrivez plusieurs phrases APJ pour commenter chacun de vos dessins. Prenez votre temps. Vous identifiez ainsi des horizons à court et long terme. Associez bien des dates, et des actions, à vos horizons à court terme.

Un moment de réflexion dans l'aquarium

Sept Nages de plus dans notre parcours ; sept Nage pour traverser des eaux agitées. Prenons donc un peu de recul avec trois questions simples :

1) Mes Nages préférées dans ce chapitre :

2) Les Nages d'entrainement que j'ai déjà transformées en habitudes :

3) Les Nages qui m'ont donné envie de plonger plus loin :

10, Votre cerveau et vous

L'entrainement systémique de l'esprit, la poursuite du bonheur, la transformation intérieure authentique par l'examen, la sélection et la concentration d'états mentaux positifs et la remise en cause d'états mentaux négatifs, tout cela est possible grâce à la structure et à la fonction même du cerveau. Mais notre système cérébral n'est pas statique, il n'est pas fixé irrévocablement. Nos cerveaux sont aussi adaptables.

– Le Dalaï-lama & Howard Cutler

De poisson à poisson

Quand les eaux s'agitent, nous appliquons le self-leadership en nous concentrant sur trois éléments.

Nous restons stables dans la compréhension de *notre identité* et *de nos capacités*. Puis nous faisons preuve de flexibilité pour continuer à conduire *celui ou celle que nous sommes vers notre destination* : les fameux horizons que nous avons identifiés. Enfin, nous gardons l'œil fixé sur *notre destination souhaitée*, en nous servant de nos horizons comme de boussoles.

On voit bien que le self-leadership se fonde sur le renforcement d'aptitudes déjà acquises : la résilience, la détermination, la réflexion, l'apprentissage rapide, l'équilibre, la stabilité, la capacité à rester dans l'instant présent, la vision, l'observation, la capacité à prendre du recul, la volonté, la créativité, etc.

Toutes ces capacités ont en commun un élément très important : leur fonctionnement optimal dépend de la bonne santé du cerveau. Pour que votre cerveau reste en bonne santé et travaille au mieux, vous devez en apprendre un minimum sur ses processus et ses habitudes.

Découvrons comment notre cerveau fonctionne et de quoi il a besoin.

Nage 64 : Deux flux Instagram

Notre cerveau parle deux langues : l'une est rationnelle et l'autre est visuelle ou symbolique (Nage 48). Mais la langue d'origine de notre cerveau est la langue visuelle. Et notre cerveau enregistre tout, ce qui s'est passé et ce qui pourrait advenir, sous forme d'images. On peut voir cela comme deux flux Instagram simultanés : l'un se réfère à des expériences passées et en cours, l'autre prédit des expériences à venir. Avec un petit supplément : les deux flux sont très dynamiques. Alors que sur votre Smartphone, votre flux Instagram est stable ; une fois postée, une image ne change pas ; les deux flux Instagram de votre cerveau sont constamment recréés : les images changent et évoluent au fil du temps.

Pour les expériences passées, c'est lié aux faits que les souvenirs sont des processus dynamiques. Le souvenir est en fait une reconstruction de l'expérience du moment fondée sur ce que nous avons enregistré avec nos sens (visuel, auditif, kinesthésique, olfactif, gustatif et autres[30]). Après consolidation, les souvenirs sont stockés dans le cerveau sous la forme de groupes de neurones prêts à décharger tous ensemble sur le même schéma que celui qui a créé l'expérience d'origine. Chaque composante d'un souvenir est stockée dans la zone cérébrale qui l'a traitée initialement (par exemple, des neurones du cortex visuel stockent les informations visuelles, des neurones de l'amygdale l'émotion associée, etc.)[31]. Une projection dans l'avenir suit le même processus. C'est une construction des expériences attendues qui suit le même cheminement neurologique.

Astuce et entrainement, Nage 64

Astuce ! Les souvenirs, apprentissages et expériences à venir sont stockés dans notre cerveau sous forme d'images. Lorsque nous nous souvenons de quelque chose, nous rappelons l'image en activant des voies neuronales pour recréer l'expérience. Changer l'image, et donc ces voies neuronales, peut alors modifier l'expérience et sa signification.

Entrainement ! Pensez à quelque chose qui est toujours vrai pour vous. Quand vous y pensez, avez-vous une image à l'esprit ? Est-elle en noir et blanc ou en couleur ? Est-elle près ou loin de votre corps ? Pouvez-vous identifier d'autres détails sensoriels associés à cette image ? Notez-les bien dans cotre carnet. Répétez l'exercice en pensant à quelque chose qui est toujours faux pour vous. Quelles différences voyez-vous dans la façon dont vous avez codé les deux images ?

Nage 65 : Un athlète de haut niveau

Votre cerveau est comparable à un athlète de haut niveau qui participe aux JO et à des compétitions internationales. Il nage souvent l'équivalent d'un marathon par jour. Et comme tous les athlètes de haut niveau, il a besoin de trois choses pour continuer à gagner des médailles d'or :

- ✓ D'exercices réguliers pour garder ses muscles sains ou les développer
- ✓ D'apports d'énergie réguliers
- ✓ De périodes régulières de repos de bonne qualité

Quand je parle de *muscles du cerveau*, c'est une métaphore qui désigne *les processus neuronaux* et tout autre processus d'activation neuronale. Et vous avez raison, nous avons déjà travaillé nos muscles cérébraux avec la Nage 36 et l'entrainement de notre *muscle du changement*. Renforcer une voie neuronale, c'est comme renforcer un muscle ; cela se fait par la répétition et la pratique. Et pour forger un *cerveau équilibré*, comme pour forger un *corps équilibré*, on entraine différents muscles avec des exercices variés.

Maintenant pour dynamiser ces *muscles du cerveau*, nous avons besoin de 20 à 25% de toute l'énergie que nous produisons. Et pour forger un *cerveau puissant*, comme pour forger un *corps puissant*, on lui fournit une alimentation saine et variée.

Enfin, les périodes de repos. Un athlète épuisé ne peut pas concourir. Un cerveau épuisé devient fou. On utilise deux types de périodes de repos : le sommeil et le rêve éveillé, ce dernier pouvant se pratiquer en même temps que la marche ou qu'une autre activité physique.

Astuce et entrainement, Nage 65

Astuce ! Comme tout athlète de haut niveau, votre cerveau a besoin régulièrement de trois éléments pour fonctionner au mieux : de l'exercice, des apports d'énergie, des périodes de repos de bonne qualité.

Entrainement ! Faisons une évaluation rapide avec six questions. Notez bien vos réponses. Combien de périodes de repos faites-vous dans une journée de travail ordinaire ? À quelle fréquence alternez-vous concentration cérébrale intense et rêve éveillé ou activité physique ? Votre rythme de sommeil est-il régulier ? Combien de fois par jour mangez-vous ? Votre régime alimentaire est-il sain ? Quels muscles cérébraux êtes-vous en train d'entrainer à cet instant précis ?

Nage 66 : Une utilisation d'énergie judicieuse

Notre cerveau consomme 20 à 25% de toute l'énergie que nous produisons. Mais cette énergie n'est pas illimitée et ne peut pas alimenter toutes les parties de notre cerveau en même temps. Nous voulons choisir où nous allons l'utiliser.

Prenez votre cortex préfrontal par exemple. Il est placé à l'avant de votre cerveau, juste derrière le front. Il s'active quand vous utilisez les compétences suivantes : volonté, prise de décision, self-control, analyse globale, intelligence émotionnelle, raisonnement complexe, etc. Si vous activez toutes ces compétences en même temps, elles entrent en compétition et certaines d'entre elles vont priver les autres d'énergie.

Imaginons que vous devez compléter un projet urgent avec un besoin de réflexion très rapide et beaucoup de prises de décisions. En même temps, vous décidez de vous entrainer pour un marathon et de commencer un régime. Ces quatre actions vont rivaliser les unes avec les autres et vous aurez du mal à toutes les fournir en énergie cérébrale.

Choisissez où vous brûlez votre énergie cérébrale. Évaluez vos tâches en cours et examinez objectivement si les aptitudes requises ne sont pas en compétition les unes avec les autres. Veillez aussi à ne pas *stimuler excessivement une voie neuronale* sans lui donner de temps de repos et de nettoyage. Cela pourrait affecter son bon fonctionnement.

Astuce et entrainement, Nage 66

Astuce ! Votre cerveau a accès à une quantité d'énergie limitée. Choisissez judicieusement comment vous allez brûler votre énergie cérébrale.

Entrainement ! Sur une page blanche de votre carnet, dressez la liste de toutes les compétences que vous utilisez quotidiennement. Exemples : volonté, résilience, détermination, planification, gestion du temps, self-control, créativité, attention aux détails, analyse globale, etc. À présent, évaluez l'équilibre de votre cerveau de 0 (très mauvais) à 10 (excellent). Ensuite, en reprenant chaque compétence, notez combien d'énergie vous y consacrez.

Allez faire une promenade de 30 minutes. Une fois de retour, regardez vos évaluations. Des commentaires ?

Nage 67 : Un étudiant fanatique

Non seulement notre cerveau est un athlète de haut niveau, c'est aussi un étudiant fanatique. Toujours prêt à apprendre, il ne laisse jamais de matière blanche ou grise inexploitée. Avant l'âge de 7-8 ans, comme une éponge, il absorbe tout ce qu'il peut. Par la suite, nous affinons, choisissons des sujets à développer, ajoutons du savoir, créons des voies neuronales, etc. Il y a plusieurs points fascinants à savoir sur notre cerveau et le fait d'apprendre :

→ Apprendre transforme la structure physique de notre cerveau.
→ Ces changements modifient notre fonctionnement cérébral, et apprendre organise et réorganise notre cerveau. C'est la neuroplasticité.
→ Différentes parties de notre cerveau sont prêtes à apprendre à différents moments.
→ Apprendre combine deux systèmes. L'un est basé sur *l'apprentissage déclaratif* comme le raisonnement explicite, l'écoute d'un cours, etc. L'autre se concentre sur *l'apprentissage procédural,* parfois appelé mémoire musculaire.
→ Apprendre peut être passif ou actif.

Notre cerveau est conçu pour apprendre. Choisissez ce que vous voulez apprendre et entrainez activement votre *muscle de l'apprentissage* pour le garder affûté et fort afin de faciliter une neuroplasticité autodirigée.

Astuce et entrainement, Nage 67

Astuce ! Notre cerveau est conçu pour apprendre. Il utilise le fait d'apprendre pour s'organiser et se réorganiser. En choisissant ce que nous apprenons, nous pouvons pratiquer une neuroplasticité autodirigée.

Entrainement ! Qu'apprenez-vous en ce moment ? Quelles aptitudes êtes-vous en train d'apprendre en cet instant ? Dressez-en une liste complète, des compétences que vous développez pendant vos loisirs à celles que vous apprenez au travail. Répondez ensuite à cette question : quelles compétences suis-je en train d'apprendre passivement en cet instant ? Pour cela, utilisez les trois étapes suivantes 1. Dressez la liste de ce qui vous est arrivé aujourd'hui. 2. Réfléchissez à ces expériences pour identifier les leçons apprises. 3. Vérifiez et confirmez que c'est bien ce que vous voulez apprendre (Nage 59).

En regardant les deux listes, choisissez entre trois et cinq compétences sur lesquelles vous concentrer.

Nage 68 : Une approche multilingue

La langue d'origine de notre cerveau n'est pas seulement visuelle, elle s'appuie aussi sur nos sens. Elle utilise la musique, les mouvements, les sensations, les images et les symboles. Quand on écoute de la musique, les aires corticales auditives et motrices sont activées, ce qui nous donne envie de danser, et si nous ne ressentions pas de gêne, nous danserions tous. L'imagination active donne la parole à notre conteur intérieur ; au cinéma, devant des super-héros qui volent, nous faisons taire notre incrédulité et laissons la voie libre à notre rêveur intérieur.

Notre cerveau a aussi appris une langue rationnelle faite de mots. Depuis plus de trois siècles, les sociétés occidentales ont tiré un maximum de profit des sciences et de la raison.

Est-ce tout ? Bien sûr que non. Nous pouvons remettre en cause nos conceptions et accepter l'idée que notre cerveau parle bien plus de langues en lien avec les neuf types d'intelligence décrits au chapitre 8 : corporelle, spatiale, naturaliste, musicale, linguistique, rationnelle, intrapersonnelle, interpersonnelle ou existentielle.

Qu'y a-t-il d'important dans ce qui précède ? Ce ne sont pas les nombreuses langues de notre cerveau mais le fait que notre cerveau travaille de multiples façons et utilise des mécanismes variés. Plus nous exploitons ces différents mécanismes, plus nous utilisons notre puissance cérébrale.

Astuce et entrainement, Nage 68

Astuce ! Quand nous utilisons tous les aspects de notre cerveau, toutes ses langues et capacités naturelles, nos possibilités et notre self-leadership augmentent.

Entrainement ! Aujourd'hui, pour renforcer notre créativité et notre flexibilité, intéressons-nous aux langues peu usitées. Prenez un stylo, une feuille blanche et dessinez. Laissez votre main dessiner sans comme ça vient. Passez de votre main dominante à l'autre. Ensuite, mettez de la musique et bougez vos pieds. Oubliez le rythme, bougez juste vos pieds et laissez votre esprit faire de même. Et si vous essayiez de jongler ? Trouvez-vous trois balles, cherchez un tutoriel sur YouTube et allez-y. On passe au chant ? La musique toujours allumée, faites votre petit karaoké personnel dans votre salon et laissez votre voix s'exprimer.

Nage 69 : Un corps connecté

Notre cerveau est attaché à un corps. Plus précisément, notre cerveau se trouve dans notre crâne, lui-même attaché à un squelette. Le squelette est entouré de muscles et de peau. On y trouve des organes, du sang, des hormones, des substances chimiques et nombre de systèmes : les systèmes nerveux, immunitaire et endocrinien. Ils régulent les hormones, le rythme cardiaque, la pression artérielle, etc. Nos lobes frontaux, notre amygdale et notre hippocampe sont connectés en profondeur avec ces trois systèmes et nous disposons d'une fascinante boucle rétroactive à double-sens. Notre état mental influence notre état physique et réciproquement. Notre corps est bien plus qu'un corps. Il peut être un véritable instrument de développement d'un état mental fort et de self-leadership. Par exemple :

→ *Pour vous vider l'esprit* : faites physiquement le vide autour de vous.
→ *Pour vous sentir plus grand et vous rendre plus visible* : grandissez-vous et respirez plus profondément.
→ *Pour vous sentir stable* : rendez votre corps aussi solide qu'un rocher.
→ *Pour renforcer votre persévérance et votre détermination* : pratiquez un sport d'endurance comme la course à pied, le vélo, etc.
→ *Pour vous sentir flexible intellectuellement* : travaillez votre flexibilité physique - cela débute par un simple étirement quotidien.
→ *Pour vous calmer* : mâchez lentement, respirez, écrivez, déplacez-vous ou parlez lentement, etc.

Projetez par votre corps ce que vous voulez projeter par votre esprit : un corps robuste pour un esprit solide, un corps souriant pour un esprit ouvert, un corps affirmé et heureux de prendre de l'espace pour un esprit affirmé.

Astuce et entrainement, Nage 69

Astuce ! Notre corps est bien plus qu'un corps. Projetez par votre corps ce que vous voulez projeter par votre esprit et utilisez la force de votre corps pour renforcer l'état mental désiré.

Entrainement ! Revenez à la bibliothèque d'états mentaux que vous êtes en train de bâtir (Nage 52). Pour chaque état mental, notez comment vous pourriez utiliser votre corps pour le renforcer. Si vous ne savez pas bien comment débuter, reprenez la Nage 12 et les travaux d'Amy Cuddy[32]. Puis tirez parti de notre travail sur la posture par défaut (cf. le kit de survie) pour continuer à développer vos états mentaux en y ajoutant la vigueur physique.

Nage 70 : Un trio (ou plus ?)

On dit que les pieuvres ont neuf cerveaux : un cerveau central et des ganglions au bout de chaque bras qui peuvent toucher et reconnaître. On dit que les humains en ont trois, mais nous en découvrirons peut-être d'autres alors que la recherche progresse.

Il y a d'abord le gros cerveau à l'abri dans notre crâne. Il possède deux hémisphères divisés en plusieurs cortex et reliés par le corps calleux.

Ensuite, nous avons un cerveau-intestin. Il se cache dans notre intestin et est constitué de tissu nerveux plein de neurotransmetteurs importants et d'un réseau de neurones. Ce cerveau-intestin possède ses propres réflexes et ses propres sens. Son comportement est indépendant du cerveau-tête. Il envoie des informations au cerveau-tête et peut influer sur notre état mental. Et si *un sentiment viscéral* était simplement une information transmise par notre cerveau-intestin ? Ou *avoir des papillons dans l'estomac,* notre cerveau-intestin qui analyse la situation pour nous ?

Enfin, nous avons déjà parlé d'un cerveau-cœur. C'est un système nerveux intrinsèque complexe composé de plusieurs types de neurones, neurotransmetteurs et cellules de soutien situé dans le cœur, indépendant du cerveau-tête et capable d'envoyer des messages. Par exemple, le cerveau-cœur peut envoyer des informations directement à l'amygdale, un centre-clé du traitement des émotions.

Astuce et entrainement, Nage 70

Astuce ! Nous parlons de trois cerveaux, le cerveau-tête, le cerveau-intestin, le cerveau-cœur. Ils communiquent tous entre eux, les cerveau-intestin et cerveau-cœur pouvant donner des ordres au cerveau-tête.

Entrainement ! Reprenons nos observations pour ajouter deux strates à notre conscience de soi. Que vous dit votre intestin aujourd'hui ? Que vous dit votre cœur ? OK. Cette pratique peut vous surprendre mais continuez. Demandez à votre intestin « Que veux-tu me dire aujourd'hui ? » et notez dans votre carnet tout ce qui vous vient. Posez la même question à votre cœur.

Reliez cette information à la Nage 59 et réfléchissez à la façon dont le fait d'avoir trois cerveaux renforce la notion de corps connecté.

Natation supplémentaire pour les plus motivés

Entrainement supplémentaire Nage 67, Un étudiant fanatique – Le fait d'apprendre est facilité par la création d'un contexte ou d'un environnement approprié. Voici neuf suggestions à cet effet :

1. Restez détendu.
2. Concentrez-vous. Cinq minutes consacrées à une seule tâche valent mieux que 20 minutes passées à en mener plusieurs de front.
3. Enseignez à autrui.
4. Impliquez-vous dans votre apprentissage.
5. Donnez-lui une base émotionnelle.
6. Lancez-vous un défi.
7. Félicitez-vous davantage pour vos efforts que pour vos résultats.
8. Faites des séances courtes et fréquentes.
9. Prenez le temps d'apprécier ces moments !

Entrainement supplémentaire Nage 69, Un corps connecté – Votre corps est un outil et un instrument incroyable qui peut vous servir à renforcer votre état mental. Il est si puissant que même les gens qui travaillent au téléphone toute la journée suivent des cours sur la façon d'utiliser leur corps quand ils sont au téléphone. C'est simple. Votre posture a un impact sur la mécanique de vos cordes vocales et donc la qualité de votre voix.

Notre corps est pourvu de mécanismes et d'un équilibre spécifiques. Quand un élément est en déséquilibre, tout le reste risque d'être affecté. On trouvera de précieuses informations à ce sujet dans la méthodologie bien documentée de la technique Alexander qui fait écho à la Nage 18 (Restez détendu).

De plus, le mouvement du corps peut jouer un rôle d'*interrupteur de scénario répétitif*. Quand une situation nous échappe, un geste aussi simple que mâcher lentement ou boire une gorgée d'eau a un effet immédiat ; le geste interrompt le scénario et détourne notre attention de la situation pour l'amener vers une action concrète, nous ramenant dans l'instant et le factuel.

Outre l'équilibre et l'aspect mécanique, l'utilisation effective de notre corps génère des hormones qui influent sur nos états mentaux comme sur la façon dont les gens nous perçoivent (Nage 12).

Un moment de réflexion dans l'aquarium

Nous venons de terminer sept nouvelles Nages, et nous comprenons mieux le fonctionnement de notre cerveau ou comment nous pouvons l'influer. C'est le moment de se poser avec nos trois questions.

1) Mes Nages préférées dans ce chapitre :

2) Comment vais-je prendre soin de mon cerveau ?

3) Qu'est-ce qui m'a intéressé à propos du cerveau ?

11, Nager en eau trouble

L'auto-discipline est - Une compétence qui peut être apprise - La prise de conscience de vos résistances subconscientes à l'action puis la victoire sur ces résistances - La coordination de vos éléments psychologiques conscients et subconscients.

– Theodore Bryant

De poisson à poisson

Quand les eaux s'agitent, nous nous concentrons sur notre confiance en *notre identité* et *nos capacités.* Nous utilisons ce savoir comme une bouée solide qui nous soutient.

Que faire quand l'eau se trouble ?

L'eau peut-elle véritablement se troubler ?

Et si elle était toujours trouble ?

Dans le contexte du self-leadership, la qualité de l'eau ne change pas grand-chose. Que les eaux soient troubles, calmes ou agitées, ce sont juste des paradigmes différents dans lesquels nous nageons. Et chaque paradigme fait appel à un autre ensemble de capacités.

Ce qui compte, c'est la longueur de notre trajet à la nage, et sa direction. Pour cela, revenons aux trois étapes que nous avons commencé à étudier au chapitre 9 :

1. Nous restons stables dans la compréhension de *notre identité* et *de nos capacités*.
2. Nous faisons preuve de flexibilité pour continuer à aller *là où nous voulons aller* : les fameux horizons que nous avons identifiés.
3. Ces horizons sont notre objectif principal, comme l'indication d'un cap sur une boussole.

Avec ce dernier chapitre, nous allons explorer les outils et la philosophie qui se cachent derrière le monde du self-leadership, ce qui est particulièrement intéressant à utiliser quand l'eau se trouble. Mais d'abord, qu'est-ce que de l'eau trouble ?

Nage 71 : Un nouveau paradigme

Le mot *paradigme* sonne bien. On le définit comme n'importe quel cadre philosophique ou théorique, comparable à un modèle ou à un système. La façon dont nous appréhendons la vie autour de nous est généralement définie par une combinaison de paradigmes. Nos aquariums aussi sont organisés autour de paradigmes.

L'une des façons les plus anciennes d'analyser nos réalités et notre univers a été de les organiser sous forme de paires de contraires - jour/nuit - soleil/lune - homme/femme - noir/blanc - bien/mal - art/science - raison/émotion - corps/esprit - cerveau gauche/cerveau droit, etc. Il y a même des textes sur la dichotomie de la nature[33] ou ses aspects binaires. Il s'agit là d'un paradigme fortement limité : on est soit l'un soit l'autre, jamais une combinaison des deux. Qu'en est-il de la dichotomie entre corps et esprit ? Encore une fois, nous reconnaissons que les êtres humains ne sont pas seulement l'un ou l'autre mais une combinaison des deux en communication permanente. Qu'en est-il de notre cerveau ? Il est vrai que nous avons des hémisphères droit et gauche. Cependant, les études montrent que les processus cognitifs requièrent une collaboration intrinsèque entre les deux hémisphères sans la division nette envisagée au départ.

Bienvenue dans le paradigme de l'eau trouble, où rien n'est totalement blanc ou noir mais où tout est dynamique, constamment évoluant par toutes les nuances de gris.

Astuce et entrainement, Nage 71

Astuce ! Le paradigme de l'eau trouble est un cadre de réflexion qui suppose que rien n'est tout blanc ou tout noir mais que tout évolue constamment par des nuances de gris. Dans ce paradigme, les paradoxes existent et sont acceptables, et être en désaccord avec quelqu'un régulièrement possible.

Entrainement ! Respirez profondément et pensez à des situations où vous avez peut-être réagi en fonction d'un paradigme de dichotomie. Telle personne avait tort ou raison ; telle histoire était blanche ou noire ; tel comportement était bon ou mauvais, etc. Repensez à présent ces situations à travers le paradigme de l'eau trouble. Que voyez-vous de plus ? Qu'est-ce qui change à mesure que vous revisitez ces situations ?

Nage 72 : Un outil d'apprentissage

En lisant ce livre, vous avez utilisé un outil d'apprentissage extraordinaire. Au fur et à mesure que vous développiez votre self-leadership, je vous ai demandé à chaque page de faire une pause, de vous poser des questions et de noter vos réponses.

Je vous ai demandé de pratiquer l'introspection.

L'introspection est notre capacité et notre volonté à approfondir la connaissance de notre nature fondamentale. Avec le self-leadership, nous utilisons cette capacité à approfondir la connaissance de *notre identité*, de *nos capacités* et de *la direction que nous avons choisie* pour améliorer nos compétences et nous améliorer nous-mêmes. Mais attention : pour que l'introspection reste un outil d'apprentissage utile, il faut qu'elle demeure intéressante et ludique. Si elle devient une obsession, oubliez-la un peu, en revenant à notre kit de survie et à l'habitude six : restez en mouvement.

Astuce et entrainement, Nage 72

Astuce ! Le développement du self-leadership fait appel à l'introspection comme outil d'identification des talents et compétences à développer en s'attachant toujours aux apprentissages positifs issus de nos expériences. Votre self-leadership et votre capacité à l'introspection vont augmenter de concert, jusqu'à ce que l'introspection devienne une habitude.

Entrainement ! Chaque jour, prenez quelques instants de recul (de préférence le soir, à la fin de votre journée). Utilisez la Nage 59 pour travailler l'introspection en plusieurs étapes. Vous pouvez aussi appliquer ces quatre conseils pour vous entrainer à l'introspection :

1. Remplacez toutes questions commençant par *Pourquoi* par des *Que* ou des *Comment*. Par exemple : *Pourquoi devrais-je faire cela?* devient *Qu'y a-t-il d'important pour moi à faire cela ?*
2. Vérifiez régulièrement, au moins une fois par semaine, que vous faites quelque chose qui vous rapproche de vos objectifs et de vos horizons.
3. Souvenez-vous que le changement peut se faire facilement et en souplesse.
4. Veillez à dessiner, chanter, danser, écrire, parler et vous amuser en collaborant avec vous-même.

Nage 73 : Un outil puissant

Qui aurait imaginé que la combinaison de deux mots tout simples pourrait donner une question puissante et intéressante ? Je veux parler de la question *What if ?* (Et si ?) composée en anglais de *what*, mot indéfini ou neutre et *if*, conjonction. Elle est si intéressante qu'elle a même une page Wikipedia et que le nombre de titres d'articles, de films, d'albums et de chansons anglophones contenant *What if* est tout simplement étonnant.

Et si ? (What if ?) est une question hypothétique choc qui nous donne la permission d'explorer l'impossible pour le rendre possible. *Et si on pouvait voler ?* La première fois que cette question a été posée, c'était impossible. De nos jours, c'est courant. Les questions, qui commencent par *Et si ?*, brisent un paradigme qui nous enferme et suscitent un changement de point de vue. Elles ont un effet analogue au cadre *Comme si* (Nage 62) avec une portée encore plus large. Pour ce qui est du self-leadership, une question commençant par *Et si ?* est un outil très puissant qui met nos doutes en suspens afin que nous puissions trouver des solutions et nager dans des eaux inconnues.

- → *Et si* je pouvais apprendre ceci ?
- → *Et si* je pouvais réagir ainsi facilement ?
- → *Et si* je pouvais changer naturellement ?
- → *Et si* j'étais persuadé que je saurai toujours comment réagir ?
- → *Et si* j'avais déjà trouvé une solution ?
- → *Et si* je trouvais le temps d'apprendre quelque chose de nouveau ?
- → *Et si* je réussissais à gérer mes émotions facilement ?
- → *Et si* j'étais déjà un grand self-leader?

Astuce et entrainement, Nage 73

Astuce ! Les questions commençant par *Et si* fissurent les vitres de notre aquarium pour nous permettre de nager dans les rivières et les océans.

Entrainement ! Prenez le temps de relire les questions *Et si* listées ci-dessus ; puis écrivez ET SI en majuscules sur une grande feuille de papier. Maintenant, pensez à une situation qui vous pose problème en ce moment. Sur votre feuille de papier, écrivez alors toutes les questions *Et si ?* que vous voulez appliquer à cette situation. Faites une petite pause. Puis, reprenez votre papier et choisissez les questions commençant par *Et si ?* que vous allez utiliser pour concevoir de nouvelles solutions à cette situation.

Nage 74 : Quelques piliers et une invitation

Et si nous définissions les quatre piliers du self-leadership ? Il peut s'agir d'éléments précis constitutifs du self-leadership ou de principes. Par exemple : la définition d'un cadre théorique ou d'une philosophie à suivre. Ils peuvent aussi faire partie de notre définition, comme :

Quatre piliers qui sont des *éléments du self-leadership* :

1. La conscience – la pleine conscience : nous, les autres, le système.
2. La mentalité axée sur la croissance – notre attitude face au fait de rater.
3. La flexibilité – moins nous contrôlons, plus nous contrôlons.
4. L'humilité – unique et toujours identique.

Quatre piliers qui sont des *principes du self-leadership* :

1. Le mouvement est tout et tout commence par le mouvement.
2. Les changements peuvent se faire dans la fluidité et étape par étape.
3. Les apprentissages servent à élargir notre zone de confort.
4. Faire équipe avec nous-mêmes nous permet d'utiliser toutes nos ressources.

Quatre piliers qui sont des *définitions du self-leadership* :

1. Connaitre et améliorer *notre identité, ce que nous sommes*.
2. Connaitre et accroitre *nos capacités, ce que nous pouvons faire*.
3. Identifier et affiner notre *direction, où nous voulons aller*.
4. Développer et renforcer *notre capacité à influer sur notre communication, nos émotions et nos comportements*.

Astuce et entrainement, Nage 74

<u>Astuce !</u> En choisissant nos mots avec sagesse et en disant les choses telles que nous les voulons, nous assumons la responsabilité de notre compréhension et donc de nos apprentissages et de nos expériences. En définissant ce que vous voyez derrière le mot self-leadership, vous prenez en main le développement de votre self-leadership.

<u>Entrainement !</u> Voici à quoi je vous invite. Et si vous définissiez vos quatre piliers du self-leadership ? Prenez votre carnet. Ouvrez-le à une nouvelle page toute blanche. En LETTRES MAJUSCULES, inscrivez vos quatre (ou plus) piliers du self-leadership.

Nage 75 : Quelques mots et une action

Quelles aptitudes avons-nous associées au self-leadership jusqu'ici ? La résilience, la concentration, la détermination, la vision, l'apprentissage, le maintien de l'équilibre, la stabilité, le calme, l'enracinement, l'acceptation, la zone de confort, l'exploration, la volonté, la dissociation, l'association, la congruence, l'indépendance, l'amour, le respect, la curiosité, l'optimisme, la fiabilité, la flexibilité, la confiance en soi, l'autonomie, la conscience de soi, l'humilité, la motivation, la créativité, la confiance, etc.

Ces aptitudes sont aussi des mots qui ne signifient pas tout à fait la même chose pour vous et moi, en particulier le mot *self-leadership*. Il y a deux raisons à cela : les mots sont des étiquettes, ils ne sont pas l'aptitude elle-même, et les mots sont porteurs d'une signification préalable (Nage 43). Cette signification préalable est fondée sur nos sociétés, notre environnement et nos cultures. Demandez aux participants d'un atelier d'écriture en Irlande d'écrire un texte d'une page commençant par « Il est apparu ». Vous avez des chances que 70% d'entre eux écrivent un texte sur la religion, le Christ et les prêtres, 20-25% sur les fantômes et 5% sur quelque chose comme « Il est apparu, une miche de pain sous le bras. »[34]

J'aime dire « *Les mots sont des bêtes sauvages ! Et dans la vie, on a deux choix : soit on les apprivoise soit on devient leur proie.* » Comment apprivoise-t-on un mot ? En le transformant en mot conscient (page 39 et ci-dessous).

Astuce et entrainement, Nage 75

Astuce ! Pour apprivoiser un mot, transformez-le en mot conscient.

Entrainement ! Choisissez plusieurs mots dans la liste ci-dessus. À votre propre rythme, transformez chacun de ces mots en mot conscient. Faites de même ensuite avec les phrases ou mots suivants : SELF-LEADERSHIP, CONFIANCE, JE ME FAIS CONFIANCE. Veillez à bien noter vos mots conscients dans votre carnet. Relisez-les régulièrement jusqu'à avoir leur définition bien en tête. Notez nos trois étapes simples pour créer un mot conscient :

1. Écrivez le mot verticalement sur une page, une lettre par ligne.
2. Pour chaque lettre, trouvez un nom ou un adjectif lié à ce mot.
3. Quand c'est possible, incluez tous ces noms et adjectifs dans une phrase (facultatif).

Nage 76 : Le top 10 des astuces, plus une

UN – Connaissez votre rythme respiratoire spontané, sachez le modifier et pratiquer la cohérence cardiaque (Kit de survie, Nages 15, 18).

DEUX – Pratiquez la stabilité avec une posture par défaut solide (Kit de survie, Nage 16, Nage 60) utilisant votre corps comme un outil (Nage 69).

TROIS – Restez en éveil en tout temps et entrainez-vous à être *dans l'instant* (Kit de survie, Nage 17 puis Nages 22, 23, 34, 38, 50, 51, 52).

QUATRE – Explorez le monde des émotions – colère, peur, impatience, confiance, amour, empathie, patience, compassion, etc. – et collaborez avec elles en écoutant leur message (Nages 29 à 35 puis 50 à 56).

CINQ – Restez en mouvement et sachez quand arrêter de réfléchir (Kit de survie, Nage 20 puis Nages 58, 70, 72).

SIX - Visualisez le résultat que vous voulez atteindre et dites-le tel que vous le voulez (Nages 40, 47, 63).

SEPT – Soyez toujours à la recherche d'apprentissages positifs (Nages 59, 60, 62, 72) et faites continuellement équipe avec vous-même (Kit de survie, Nage 21 puis Nages 43 à 49).

HUIT – Utilisez la puissance du recadrage, en particulier pour les émotions, les sentiments et l'interprétation (Nages 31 à 34 puis Nage 62).

NEUF – Soyez l'élément le plus flexible du système et concentrez-vous sur les horizons (Kit de survie, Nages 18, 20 puis Nages 36, 40, 42).

DIX – Ayez recours à l'humour. Le plus simple, c'est de rire de vous-même (Kit de survie, Nage 21 puis Nages 56, 61, 66) !

Et **ENCORE UNE** – Pratiquez, pratiquez, pratiquez et amusez-vous !

Astuce et entrainement, Nage 76

Astuce ! Les paradoxes sont drôles. Un que j'aime vraiment est *moins nous contrôlons, plus nous avons le contrôle*. Quand nous devenons flexibles et que nous arrêtons de vouloir contrôler chaque instant, nous pouvons rediriger notre attention vers le contrôle des résultats.

Entrainement ! Chaque jour, pratiquez notre Top 10 des astuces jusqu'à ce qu'elles deviennent des habitudes. Utilisez les Nages 21, 59 et 72 pour en tirer le maximum.

Nage 77 : Ce n'est que le début

Faire preuve de self-leadership, c'est avoir un sens aigu de ce que nous sommes, ce que nous pouvons faire et où nous voulons aller, le tout associé à la capacité d'influencer notre communication, nos émotions et nos comportements tout au long du chemin. À travers ces 77 nages, nous avons exploré ce que nous sommes. L'enseignement-clé dans tout cela ? Notre identité est une notion dynamique qui évolue avec notre physiologie, notre humeur et nos expériences. Pouvoir nager à l'aise en faisant preuve de flexibilité, c'est une force que nous acquérons en nous pratiquant la stabilité et en utilisant notre kit de survie.

Nous avons aussi exploré nos capacités et pris conscience de notre aptitude innée à l'exploration, la transformation et l'apprentissage à chaque instant. L'enseignement-clé dans tout cela ? Notre cerveau est conçu pour la neuroplasticité. Par le self-leadership, nous créons une neuroplasticité autodirigée en mettant en place une mentalité axée sur la croissance.

Enfin, nous avons exploré notre capacité à influer sur notre communication, nos émotions et nos comportements. Nous avons ainsi confirmé que tout est lié et que nous nageons continuellement au sein de nombreux systèmes interconnectés tels que les systèmes *corps-esprit-état-comportement-environnement-autres* et *humeur-états d'esprit-émotions-physiologie*. L'enseignement-clé dans tout cela ? Le self-leadership nous permet de connecter les systèmes et de devenir sains et complets.

Ces 77 nages ne sont que le début. Vous avez fait tomber une paroi de votre aquarium vers des rivières et des océans. Qui sait où vos nages vont vous mener...

Astuce et entrainement, Nage 77

Astuce ! Ce n'est que le début. Vous avez débuté un voyage en spirale où vos aptitudes, vos capacités, votre savoir et vos apprentissages vont élargir votre spirale vers des rivières et des océans jour après jour.

Entrainement ! Goûtez le sentiment que vous avez créé en atteignant les niveaux 1 et 2 du self-leadership. Chaque fois que cela est nécessaire, approfondissez votre savoir en revisitant chaque nage à votre rythme. Quand vous êtes prêt, passez aux niveaux suivants.

Un moment de réflexion dans l'aquarium

Voici notre dernière prise de recul avec trois questions simples :

1) Qu'est-ce que le self-leadership pour moi ?

2) Que fais-je quotidiennement pour accroitre mon self-leadership ?

3) Qu'est-ce qui est important pour moi concernant le self-leadership ?

Félicitations !

Vous venez de démarrer une aventure vers un fabuleux self-leadership

Niveau 1
*Vous savez que vous avez une capacité innée au self-leadership.
Vous avez réfuté sept mythes, améliorant votre aptitude au self-leadership.
Vous possédez un kit de survie et avec lui, sept habitudes de self-leadership.*

Niveau 2
*Vous avez exploré sept aspects d'un soi dynamique, toujours en évolution.
Vous avez découvert sept éléments constitutifs des émotions.
Vous avez plongé sept fois dans la rivière de la flexibilité à l'inspiration.
Vous pratiquez assidument vos habitudes pour collaborer avec vous-même.
Vous avez découvert sept aptitudes liées à l'intelligence émotionnelle.*

ENFIN, en consolidant les Niveaux 1 et 2
*Vous avez déballé sept qualités fortes pour nager dans des eaux agitées.
Vous avez exploré comment tirer le maximum de votre cerveau.
Vous avez découvert que l'eau peut être trouble et que c'est okay.*

Prêt à passer aux niveaux supérieurs ?

Visitez *afishonahill.com* pour découvrir plus d'astuces et des programmes personnalisés

Les leaders exceptionnels se distinguent par la supériorité de leur self-leadership.

– Daniel Goleman

Le self-leadership ne nait pas par accident. Il faut des efforts, un entrainement quotidien et de l'attention pour progresser.

– S. Jeffrey

Autonomie : envie forte de diriger nous-mêmes notre vie. Maitrise : désir de progresser dans un domaine important. Raison d'être : désir ardent de faire ce que nous faisons au service de quelque chose qui nous dépasse. Ce sont les composantes d'un système d'exploitation complètement nouveau pour nos entreprises.

– Dan Pink

REMERCIEMENTS

Ce livre n'existerait pas sans toutes les personnes que j'ai eu la chance de rencontrer, avec qui j'ai échangé des idées, travaillé comme coach et passé des soirées à refaire le monde. Ce que nous sommes est étroitement lié aux gens que nous côtoyons et tous ceux que j'ai rencontrés ont contribué à ce livre d'une façon ou d'une autre.

Je remercie mes parents, mes frères et sœurs, mes neveux et nièces qui, très tôt, ont planté dans mon esprit les germes du self-leadership et le désir de soutenir les autres et d'apprendre d'eux.

Je voudrais remercier en particulier Trevor, Aidan, Kenneth, Bénédicte, Christelle, Frédérique et Erika pour leur soutien constant. Ils ont soit lu les premières versions de ce livre, soit simplement écouté mes réflexions continuelles sur la façon de partager avec autrui mes idées sur le self-leadership. Un grand merci à Aimee dont les fantastiques idées sont à l'origine de la couverture de ce livre ; à Sian, mon éditrice anglaise, pour son soutien et sa foi dans mon style d'écriture ; et à Elisabeth ma traductrice qui m'a offert le plaisir de découvrir mes propres idées dans ma langue maternelle. Et bien sûr, sans oublier de remercier l'équipe du Boréal Café de Genève (Suisse) dont les délicieux cafés latte à la vanille permettent aux rouages de mon esprit de tourner en continue.

Et merci à vous, chers lecteurs, pour votre curiosité et pour ce temps passé ensemble, à lire ce livre.

À PROPOS DE L'AUTEURE

Il y a deux choses dont Florence Dambricourt se fait la championne : la puissance du self-leadership et la magie d'un esprit ouvert. Peut-être est-ce son premier métier, l'exploration marine à bord d'un bateau de recherches sismiques, qui a déclenché sa quête d'une plongée dans le monde du self-leadership. Peut-être est-ce son expérience d'expatriée, quittant son pays natal, la France, en 1994 pour s'installer à Londres puis à Dublin et enfin à Genève, qui a imprimé en elle l'importance d'avoir un esprit ouvert. Ou peut-être est-ce simplement l'amour de l'écriture et la publication de *Building Bridges* en 2015 qui ont confirmé sa passion pour ces deux sujets, et derrière eux, la puissance d'une bonne communication, de l'intelligence émotionnelle et du comportementalisme. Comme nombre de coachs, elle souffre d'une envie irrépressible d'aider les gens à grandir et évoluer. C'est ce qui l'a amenée à publier *Nager comme un poisson (Swim Like a Fish)* et *Parler comme un poisson (Speak Like a Fish)*, deux livres axés sur le développement du self-leadership, cette nouvelle technologie humaine du XXIe siècle. Avec ses dynamiques et inspirantes key-notes, Florence facilite le développement en entreprise des cultures d'innovation, d'agilité et de collaboration. Les yeux en quête de diversité, de nouveauté et de surprises, on la retrouve souvent munie d'un appareil photo et d'un carnet, en train de randonner dans les montagnes un sac au dos et deux bâtons de marche. Surprenez-la en vous connectant sur afishonahill.com ou ses médias sociaux pour partager avec elle vos points de vue sur le self-leadership ou la prise de parole en public.

CONCLUSION

Et voilà, vous nagez dans la rivière, votre toute première rivière.

Que les eaux soient agitées ou troubles, quelle que soit la situation, la nage n'est pas si différente. Elle suit toujours à peu près les mêmes principes :

se laisser porter par les flots,
  prendre de l'oxygène,
    admirer le paysage,
      suivre les vagues,
        être parfois au cœur des vagues,
          d'autres fois surfer.

C'est votre toute première rivière.

  Et les rivières traversent des lacs, des montagnes,
  se jettent dans la mer, les océans.
   Elles font le tour du monde, de l'univers.

    Qui sait

     Quelle colline vous êtes sur le point d'escalader ?

Les hyperliens vers des sites tiers sont fournis par l'auteure pour la commodité des lecteurs. L'auteure n'a aucun contrôle sur ces sites et n'est responsable ni de leur contenu, ni de leur mise à jour ni de leur exactitude. L'auteure ne soutient ni ne représente aucune des entreprises ni aucun des produits accessibles par ces hyperliens. Vous accédez à ces sites par les hyperliens fournis dans ce livre à vos risques et périls.

BIBLIOGRAPHIE

Ashby, G. (2017). *The remarkable Learning Abilities of the Human Brain.* University of California Television, Series: GRIT Talks (uctv.tv).

Bach-y-Rita, P. *(1967). Sensory Plasticity. Acta Neurologica Scandinavica.*

Bateson, M. & Bateson, G. (2000). *Steps to an Ecology of Mind.* University of Chicago Press.

Borg, J. (2004). *Persuasion.* Harlow. Pearson Education Limited.

Bolstad, R. (2009). *Being At Cause In Your Life.* lifecoachpnlp.com/e01-being-at-cause.html

Burrows, C. (1996). *Automaticity of Social Behaviour: Direct Effects of Trait Construct and Stereotype Activation on Action.* www.yale.edu

Cameron-Bandler, L. & Lebeau, M. (1986). *The Emotional Hostage.* Real People Press.

Cuddy, A. (2012). *Your body language shapes who you are.* ted.com.

Deng, Y., Chang, L., Yang, M., Huo, M., Zhou, R. (2016). *Gender Differences in Emotional response: inconsistency between Experience and Expressivity.* PLoS ONE 11(6): e0158666.doi:10.1371/journal.pone.015866 (plos.org).

Doidge, N. (2007). *The brain that changed itself.* Viking Press.

Dweck, C.S. (2006). *Mindset, the new psychology of success.* Random House.

Ekman, P. (2003). *Unmasking the Face: A Guide to Recognizing Emotions From Facial Expressions.* Malor Books

Ekman, P. (2014). *Darwin's claim of Universal in Facial Expressions Not Challenged.* Paul Ekman Group Ltd (paulekman.com/blog/darwins-claim-universals-facial-expression-challenged/).

Ekman, P. (2017). *The Atlas of Emotions.* Paul Ekman Group Ltd (atlasofemotions.org)

Feldman-Barrett, L. (2017). *You aren't at the mercy of your emotions – your brain creates them.* TED.com.

Goleman, D. (2004). *Destructive Emotions and how we can overcome them.* Bloomsbury Publishing Plc (Bloomsbury.com).

Hamilton, D. R. (2007). *Destiny vs. Free Will.* (Ed.) Hay House.

Hawkins, J. (2012). *How Brain science will change computing.* ted.com

Hodgkinson, G. P. & Healer, Mark P. (2011). *Psychological foundations of dynamic capabilities reflexion and reflection in strategic management.* Strategic Management Journal, 32, 1500–1516.

Hodgkinson, G. P., Langan-Fox, J., & Sadler-Smith, E. (2008). *Intuition: A fundamental bridging construct in the behavioural sciences.* British Journal of Psychology, 99, 1–27.

Hodgkinson, G. P, Sadler-Smith, E., Burke, L. A., Claxton, G. & Sparrow, P. R. (2009). *Intuition in Organizations: Implications for Strategic Management.* Long Range Planning, 42, 277–297.

(www.guyclaxton.com/documents/IntuitionwithEugenePaper09.pdf)

James, W. (1890). *The Principles of Psychology*. Henry Holt and Company (American Science Series - Advanced Course)

James, Drs T. & A. (2011). *NLP Practitioner and NLP Master Practitioner Course.* Tad James Co.

Jung, C. (1957, 2006). *The undiscovered self,* Signet Book.

Kahneman, D. (2013). *Thinking, Fast and Slow.* Farrar, Straus and Giroux.

Kahneman, D. (2010). *The riddle of experience vs memory.* ted.com.

Lakoff, G. & Johnson, M. (2003). *Metaphors you live by.* The University of Chicago Press Ltd.

Lawley, J. & Tompkins, P. (2000). *Metaphors in Mind: Transformation through Symbolic Modelling.* The Developing Company Press.

Maslow, A. H. (1943). *A Theory of Human Motivation*. Archives Psychclassics.yorku.ca (Internet)

McCraty, R. (2015). *Science of the heart, Exploring the Role of the Heart in Human Performance.* HeartMath Institute (heartmath.com)

Oppezzo, M., Schwartz, D.L. (2014). *Give Your Ideas Some Legs: The Positive Effect of Walking on Creative Thinking,* Journal of Experimental Psychology: Learning, Memory, and Cognition, Vol. 40, No. 4, 1142-1152.

Peters, B.J., Overall, N.C., Jamieson, J.P. (2014). *Physiological and cognitive consequences of suppressing and expressing emotion in dyadic interactions.* Elsevier, International Journal of Psychophysiology 94 (disponible sur psych.rochester.edu/research).

Ramachandran, V. (2009). *The neurons that shaped civilization.* ted.com.

Rees, J. & Sullivan, W. (2008). *Clean Language: Revealing Metaphors And Opening Minds. Crown House Publishing Ltd.*

Restak, R. (2004). *The New Brain: How the Modern Age is Rewiring Your Mind.* Rodale Books.

Salem, O. (2007). *The Heart, Mind and Spirit.* Royal College of Psychiatrists UK (rcpsych.ac.uk/).

Scott, J. (Diverses dates). *Collected Work*. CEOsage (scottjeffrey.com).

Shannon, C. (1948). *A mathematical theory of communication.* The Bell System Technical Journal (doi.org/10.1002/j.1538-7305.1948.tb01338.x).

The Human Memory. *Collected Work.* (human-memory.net).

Watt Smith, T. (2017). *The history of human emotions.* ted.com.

Wolpert, D. (2011). *The real reason for brains.* ted.com.

NOTES DE FIN

[1] Inspiré par le livre d'Andrew Bryant et du Dr Ana Kazan publié en 2012, *Self-Leadership: How to become a more successful, efficient and effective leader from the inside out.*

[2] Une capacité innée est une caractéristique présente dans un organisme à la naissance. Toujours présente dans l'organisme, elle n'a pas été acquise. Exemple : les humains ont la capacité innée d'acquérir le langage - elle est présente naturellement chez tous les hommes. Une capacité innée est améliorée par l'apprentissage et passe par différents niveaux de compétence.

[3] Au départ, la hiérarchie des besoins de Maslow (1943) comptait cinq niveaux - Les besoins physiologiques (nourriture, eau, chaleur, repos) - Les besoins en sécurité (personnelle et des biens) - Les besoins d'appartenance et d'amour (relations privées et amis) - Les besoins en estime (prestige et sentiment d'accomplissement) - La réalisation de soi (réaliser son plein potentiel, activités créatives incluses). Par la suite, Maslow a ajouté un sixième niveau - Les valeurs intrinsèques. Son hypothèse, c'est que les besoins les plus bas dans la hiérarchie doivent être satisfaits avant que l'on puisse s'occuper de ceux qui sont plus haut.

[4] Amy Cuddy est une chercheure qui a parlé de ses travaux dans un *TED talk* : *Votre langage corporel forge qui vous êtes* (en octobre 2018, il faisait encore partie des *TED talks* les plus regardés). Elle y détaille les effets des « poses de puissance » et parle plus généralement d'un phénomène connu sous le nom « d'effet de feedback postural » : la posture qu'on prend affecte la création d'hormones dans notre corps. Pour plus d'informations sur le débat suscité par cet exposé : https://ideas.ted.com/inside-the-debate-about-power-posing-a-q-a-with-amy-cuddy/ Et pour en savoir plus sur les effets du feedback postural, consultez la liste tenue par l'équipe de chercheurs d'Amy Cuddy : https://docs.google.com/spreadsheets/d/1VZQxTNGncn-x7nz9OsNXmkz9rFkhdYEjzNXN7vqrYKA/pubhtml?gid=1181532305&single=true.

[5] Les recherches réalisées au *Heartmath Institute* ont montré que le cœur est parfois au courant de quelque chose avant le cerveau et lui envoie des messages. On trouvera des informations à ce sujet dans leur livre : https://www.heartmath.org/research/science-of-the-heart/coherence/. Pour trouver des exercices de cohérence cardiaque, il suffit de taper « cohérence cardiaque » sur YouTube. Bonne découverte !

[6] Cet article sur la façon dont une respiration profonde influe sur le rythme cardiaque vous intéressera peut-être : http://explorecuriocity.org/Explore/ArticleId/705/why-does-your-heart-rate-decrease-when-you-take-a-deep-breath-705.aspx.

[7] Concernant l'histoire des émotions et le développement de ce nouveau domaine de recherche, reportez-vous aux travaux de Tiffany Watt Smith. Commencez par

exemple avec *L'Histoire des émotions humaines*, un *TED talk* qu'elle a donné en novembre 2017 lors d'un événement du *TED Institute* en Allemagne. Nous verrons par la suite qu'on peut considérer les émotions comme un phénomène cognitif.

[8] De fascinantes expériences de récupération de données audio à partir du mouvement d'objets inanimés comme un sachet de chips ont été publiées par le MIT en 2014 - http://news.mit.edu/2014/algorithm-recovers-speech-from-vibrations-0804

[9] Au départ, la notion de sens était associée à nos cinq sens (visuel, auditif, olfactif, gustatif et kinesthésique) puis la littérature et le cinéma se sont emparé de l'idée d'un sixième sens lié au paranormal. De nos jours, grâce aux progrès de la recherche (et donc à une terminologie plus précise), nous parlons de beaucoup plus de sens : la proprioception, l'équilibrioception, la kinesthésie, la théroception, la nociception et la chronoception. Il y a aussi des sens qui (pour le moment) n'ont été mis en évidence que chez l'animal comme l'électroréception et la magnétoréception. Si vous souhaitez en apprendre davantage à ce sujet, commencez simplement par faire une recherche sur internet avec les mots « plus que cinq sens ».

[10] Il y a d'innombrables articles sur internet (comptes-rendus de journalistes ou de chercheurs) sur la quantité d'informations que nous recevons et sur celle dont nous sommes vraiment conscients. Les travaux de Gerard Hodgkinson sur la prise de décision et l'utilisation d'informations inconscientes dans ce processus constituent un bon point de départ. La plupart des conducteurs, des sportifs de l'extrême professionnels et des militaires ont fait l'expérience de ce type d'éveil inconscient, celui qui nous fait fermer les yeux avant que nous réalisions qu'un objet a été lancé dans notre direction. Reportez-vous à l'article suivant sur Forbes pour trouver des références d'articles de chercheurs :
https://www.forbes.com/sites/daviddisalvo/2013/06/22/your-brain-sees-even-when-you-dont/#747ee302116a.

[11] En fonction de la source citée, ce chiffre varie même entre 0,07 à 0,1%.

[12] Comme le décrit Daniel Kahneman dans son livre, *Système 1/Système 2, Les deux vitesses de la pensée,* le soi expérientiel est le « vous » de l'instant alors que le soi mémoriel est le « vous » qui écrit l'histoire après l'événement. Pour commencer à explorer ce sujet, on pourra débuter par son *TED talk* de 2010, *L'énigme de l'expérience et de la mémoire.*

[13] Allan Watts était un philosophe britannique qui a interprété et popularisé la philosophie orientale pour un public occidental. Cette phrase est extraite de conférences disponibles sur You Tube, en particulier *Pourquoi votre vie n'est pas un voyage.*

[14] Les premières expériences sur l'effet des sourires factices ont été réalisées par le Dr Duchenne, un médecin français du XIXe siècle, mais il a fallu attendre les travaux du Dr Paul Ekman et de son équipe pour valider cette idée. En faisant des analyses basées sur le Système de codage d'action faciale pour lesquelles le Dr Ekman et ses collaborateurs s'entrainaient à reproduire des expressions faciales liées à certaines émotions, ils ont clairement identifié un changement dans leur humeur, joyeuse ou triste, en fonction des émotions qu'ils étudiaient. Il a fallu

attendre l'IRM pour prouver qu'il existe une corrélation entre la reproduction d'une expression faciale et le fait de ressentir l'émotion correspondante (vers 1980). De nos jours, de nombreux travaux sont venus appuyer ces découvertes, ce qui nous aide à comprendre comment stimuler la production d'hormones du bien-être comme l'ocytocine.

[15] Grâce aux travaux révolutionnaires du Dr Ekman, la corrélation supposée entre culture et émotions a été battue en brèche. En travaillant avec des tribus très isolées, il a prouvé que les expressions faciales correspondant à certaines émotions étaient reconnues même par ceux qui n'étaient soumis à aucune influence de la part des médias ou autres.

[16] Après une semaine de dialogue avec le Dalaï-lama (cf. Daniel Goleman, *Destructives Emotions and how we can overcome them*), le Dr Paul Ekman s'est lancé dans un nouveau projet intitulé *The Atlas of Emotions* qui a abouti au site internet du même nom. À partir des six émotions universelles qu'il a identifiées, il y décrit des émotions dérivées et détaille comment distinguer les émotions les unes des autres. Il existe d'autres modèles descriptifs comme *La Roue des émotions* de Robert Plutchik. Ce dernier commence par huit émotions primaires réparties en quatre paires d'émotions opposées - joie et tristesse, colère et peur, confiance et méfiance, surprise et anticipation. En additionnant certaines émotions, on fait apparaître des émotions dérivées. Exemple : l'amour est une combinaison de joie et de confiance, la culpabilité est une combinaison de joie et de peur. On notera que la culpabilité est souvent caractérisée comme une émotion inventée par l'homme et non pas naturelle. Le modèle le plus ancien concernant les émotions remonte à Aristote, c'est-à-dire à environ 350 ans avant Jésus-Christ.

[17] Dr Damasio, A., *Descartes' Error*, page 147, Vintage Edition 2006.

[18] Le mot « émotion » est compliqué car les chercheurs de tous bords ne l'utilisent pas toujours de la même façon. Le Dr A. Damasio relie les émotions aux réponses physiologiques concrètes tandis que le Dr Lisa Feldman Barrett considère plutôt les émotions comme l'interprétation des réponses physiologiques. Dans ses travaux, Lisa Feldman Barrett montre qu'il n'y a pas de lien univoque entre comportements et émotions. Autrement dit, « la stimulation du même site produit des états mentaux différents d'une situation à l'autre, en fonction de l'état préalable de l'individu et du contexte immédiat. » Elle en conclut que quand quelqu'un éprouve une émotion, il y a bien plus en jeu qu'une réponse physiologique ; il y a forcément une forme de traitement entre la réponse physiologique et la perception de l'émotion. C'est cette forme de traitement que le Dr Damasio appelle les sentiments et c'est ainsi que j'utilise ce terme dans ce livre.

[19] Extrait des travaux de Cameron-Bandler et Lebeau, *Emotional Hostage*. On notera que ces dimensions renvoient à certaines des hypothèses à la base du modèle descriptif des émotions de Plutchik.

[20] Dans le film *Seul au monde*, le personnage principal, Chuck, est perdu sur une île déserte. Il s'invente un compagnon à partir d'une balle de volley qu'il baptise Wilson et à qui il parle comme si c'était vraiment quelqu'un.

[21] Schéma de la communication inspiré de *A mathematical theory of communication* de Claude E. Shannon.

[22] La théorie commence par les quatre premières étapes, également appelées « les quatre stades de l'apprentissage » ou « les quatre phases de la compétence ». L'ajout d'un cinquième stade s'inspire des travaux de Richard Restak et de sa définition de l'expertise (Ibid. 23).

[23] Restak, R., *The New Brain: How the Modern Age is Rewiring Your Mind*, page 28, Rodale Edition 2004.

[24] Dans ce *TED talk* très drôle de 2011, Larry Smith s'amuse de l'étonnante capacité des humains à se trouver des excuses pour tout. Écoutez-le et mettez-vous au défi de trouver plus d'humour et de plaisir dans le fait d'assumer ce que vous accomplissez.

[25] PNL signifie Programmation Neurolinguistique. Il s'agit d'un champ de recherche qui emprunte des concepts à la psychologie, la sociologie, le comportementalisme et la linguistique.

[26] La notion de « langage neutre » est issue des travaux de Penny Tomkins et James Lawley sur « La Modélisation symbolique et le *Clean Language* » et des processus *Clean Space and Emergent Knowledge* de David Grove. Vous pouvez suivre leurs travaux sur le site suivant : https://www.cleanlanguage.co.uk/. Une liste complète de questions en *clean language* est disponible sur https://cleanlearning.co.uk/blog/discuss/clean-language-questions.

[27] Vous trouverez plus d'information à ce sujet dans le livre d'Howard Gardner qui a eu le plus de succès, *Les Intelligences multiples*. http://basezen.fr/index.php/2018/09/02/9-types-d-intelligence/

[28] De nombreux travaux montrent comment le cerveau se débarrasse des toxines (entre autres) pendant le sommeil (cf. le *TED talk* de Jeff Iliff de 2014, *Une autre raison d'avoir une bonne nuit de sommeil*). Il semblerait que pendant notre sommeil, le liquide cérébrospinal afflue en grande quantité, emportant avec lui les déchets protéiniques dangereux qui s'accumulent entre les cellules cérébrales en période d'éveil.

[29] Encore une fois, de nombreux travaux corroborent l'impact positif de l'activité physique, en particulier la marche, sur les processus cognitifs. L'alternance réflexion-marche est utilisée concrètement dans des processus créatifs ou de brainstorming. Pour plus d'information sur la pensée créatrice, voyez les deux articles suivants : https://www.ncbi.nlm.nih.gov/pubmed/24749966 - https://www.apa.org/pubs/journals/releases/xlm-a0036577.pdf

[30] En PNL (Programmation Neurolinguistique), on présuppose que toutes nos expériences sont stockées dans notre cerveau sous forme de *Représentations Internes (ou RI)* et que ces RI sont codées par nos cinq sens primaires (auditif, visuel, olfactif, gustatif et kinesthésique). Cela correspond aux dernières informations issues des neurosciences sur la recréation des expériences.

[31] La construction de la mémoire est un processus fascinant qui met en jeu une zone du cerveau appelée « hippocampe ». Je la surnomme « l'oreille du cerveau » à cause de sa forme et de son rôle car un souvenir à court terme devra passer par elle avant d'être stocké en tant que souvenir à long terme. Il se trouve, et c'est fascinant, que l'hippocampe est aussi notre GPS interne. Il nous permet de nous

déplacer dans l'espace et de différencier l'avant du fond d'une pièce. Cela explique peut-être pourquoi la mémoire semble avoir une localisation spatiale dans notre tête, comme toutes les images que nous construisons. Pour approfondir les différents mécanismes mnésiques, je vous suggère de commencer par l'article suivant, http://www.human-memory.net/processes_storage.html, où il est question de types de mémoire, de processus mnésiques et de mémoire à court ou long terme.

[32] Ibid. 4

[33] C'est le véritable titre d'un article publié en 1922 dans *Journal of Philosophy*. Voici le lien vers la page de l'article
https://www.jstor.org/stable/2939648?seq=1#metadata_info_tab_contents

[34] Anecdote tirée d'une expérience personnelle lors d'un atelier d'écriture à Dublin (Irlande) en 2004 (*Dublin Writers Centre*).

Printed in the USA
CPSIA information can be obtained
at www.ICGtesting.com
LVHW071633090524
779856LV00034B/420